目指せ！英語授業の達人33 授業が変わる！

英語教師のための
アクティブ・ラーニング
ガイドブック

上山晋平 著

明治図書

はじめに

　この本を手にとってくださり，ありがとうございます。この本は，先生方の「アクティブ・ラーニング型の英語授業づくり」を応援したいと思ってまとめたものです。

　アクティブ・ラーニングという言葉は，平成26年11月に文部科学大臣から学習指導要領の改訂に向けて諮問文が発表されて以来，多くの研究会や教育誌等のキーワードになっています。この新しい用語のインパクトは大きく，「教育を変える」という意味においては，この言葉は大成功のスタートを切ったかと思います。

　ただ中には，「まったく新しい取り組みを始めないといけないのか」とか「要はこれまでと同じでいいんでしょ」という意見，さらには「主体的な学習との違いは何？」「具体的にはどうすればいいの？」などの疑問もあるようです。私自身は「主体的な学習」「対話的な学習」「深い学習」を目指すアクティブ・ラーニングは，まずその背景理解が大切であり，手法そのものには特定の型はなく，これまでの実践に多くのヒントがあると思っています。特に英語科はこれまでも「発信型の授業実践」がなされてきたので，それらに学び，さらに，背景や目的，「主体性」や「多様性」「社会とのつながり」なども今まで以上に明確に意識してアクティブ・ラーニングが求められる授業づくりを進めると良いと考えています。

　以上のような視点に立って，本書は，次の3つを具体的に，深く，コンパクトにまとめました。

- アクティブ・ラーニングが必要とされる社会的な背景（本質）の解説
- 特定の型によらず，各自が取り組みやすいアプローチや視点に基づいた実践例
- 実践を「深める」ヒントとなる理論や具体的な tips（関連情報）

　なお，アクティブ・ラーニングの思想や実践は幅広く，多岐にわたります。アクティブ・ラーニングの要素を一部取り入れた授業から，知識を「活用」する授業，課題を「探究」する授業，教科を離れて（組み合わせて）行う授業，学校を離れて「地域」や「社会」と結びついて行う活動などがあります。本書ではこの中から，一般的な教室で取り組まれやすい，「言語活動」における「習得」型と「活用」型のアクティブ・ラーニング型授業を中心にご紹介します。

2016年3月

上山晋平

＊「表記」について：active learning は，「アクティブ・ラーニング」と（「・」がない）「アクティブラーニング」とカタカナ表記されています。本書では，前者（または AL）を用い，引用箇所については元の表記のままとします。同様に，「協働学習」という言葉も出典元が「協同学習」ならそれを，それ以外では「協働学習」という漢字を用います。

本書の使い方

「アクティブ・ラーニング型授業づくり」の進め方をPart別に以下，ご紹介します。

1 | Part 1 | アクティブ・ラーニングが「求められている背景」を理解する。

- 背景を理解すると「やらされ感」なく，目的に沿って主体的に授業改善に取り組めます。
- 背景や「求められる資質・能力」は生徒にも伝えて気持ちのベクトルをそろえます。
- 背景や資質・能力などの詳細については，p.11～でご覧いただけます。

2 | Part 3 & 4 | 求められている授業モデルをイメージ化する。

- 何かを変えるときには，言葉だけでなく「イメージ」できると実現しやすくなります。Part 3 では「アクティブ・ラーニング型英語授業10箇条」（p.46～参照）が，Part 4では授業づくりの具体が紹介されています（p.67～参照）。

3 | Part 2 & 4 | アクティブ・ラーニング型授業の技法を授業に取り入れる。

- 背景や目的を理解したら，難しく考えすぎずに，「ペアで短時間話し合う」「教え合う」「授業の最後に感想を書く」などの「習得型」の活動を一部に取り入れてみましょう。
- 続いて，「ディスカッション」や「プレゼンテーション」など，授業内容や好みに応じて，より「高度」で「深い」「活用型」のAL型学習になるよう工夫しましょう（p.50～参照）。
- ALへのアプローチは様々です。自分に合うものをp.25～26などから探してみましょう。

4 | Part 5-7 | 実社会や実生活に役立つ力を育むよう授業外でも工夫する。

- AL型の授業づくりを工夫するとともに，「家庭学習（授業外学習）」（p.110～）や「パフォーマンス評価・定期考査」などの工夫（p.120～），「教科外学習とのリンク」（p.126～）など，幅広い視点で生徒の主体的な学習を促すチャレンジをしてみましょう。

5 社会の変化を学び，それに対応した教育の在り方を模索し続ける。

- 授業実践を深めながら，再び**1**に戻って，生徒が自立し人と協働して社会に貢献できる人になるためには，今後どのような社会変化があるのか，そこではどのような力が必要になるのかを生徒とともにアクティブに学び続けましょう（p.14～参照）。解のない教育において，私たち教員も「アクティブ・ラーナー」になることが求められているのです。

6 本書における AL 型英語授業のイメージ

　単語や文法，教科書本文などの知識理解・再生型の学習だけでなく，**学んだ知識を活用して課題解決に向けての「主体的・協働的・創造的・探究的な学習」を実現する授業形式**（主体的な学習，対話的な学習，深い学習になるように）。それによって，これからの社会で活躍するのに必要な「思考力・判断力・表現力」や「主体性・多様性・協働性」などを含む**「資質・能力」の育成を目指す**もの。もう少し具体的には…

> 先生の話を黙って聞く，単語や文法を覚える，英文をリピートする，教科書を音読する学習**だけでなく**，ペアワークやグループワークなどの活発な学習活動（「活動 active」）だけでもなく，脳がアクティブな状態の沈思黙考型の学習（「思考 active」）**だけでもなく**，それらに加えて，学んだことや考えたことをもとに書いたり話したり発表したりして（プレゼンやディスカッションなど）他者と共有して深めたり，継続的で主体的な学習（「気持ち active」）を促したりするもの。**最終的には**，変化の激しい社会（仕事や社会生活）を力強く生きる力（「生きる力」）を備えた人になることを目指す（「生き方 active」）。つまり，アクティブ・ラーニング型授業とは，生徒と将来をつなぐ授業である（より詳しくは p.25〜26, p.132 を参照）。

ペアワーク

グループディスカッション

プレゼンテーション

ALT（やタブレットで外国人）との対話

Contents

はじめに…3
本書の使い方…4

Part 1 入門編
知っておきたい！アクティブ・ラーニングの基礎・基本…9

1. アクティブ・ラーニングとは何か…9
2. アクティブ・ラーニングの必要性…11
3. アクティブ・ラーニングで育成すべき「資質・能力」…12
4. アクティブ・ラーニングの背景①　変化の激しい社会…14
5. アクティブ・ラーニングの背景②　変化する大学入試…16
6. アクティブ・ラーニングを支える理論①　ラーニングピラミッド…17
7. アクティブ・ラーニングを支える理論②　経験学習・発達の最近接領域（ZPD)…18
8. アクティブ・ラーニングを支える理論③　自己決定理論…19
9. アクティブ・ラーニングを支える理論④　「３つの『や』」と「登山型学習」…20
10. アクティブ・ラーニング型授業の分類…21
11. 「習得」「活用」「探究」とは何か…22
12. 思考力・判断力・表現力をどう育てるのか…23
13. アクティブ・ラーニング型授業のポイント…25

Part 2 準備編
「チーム学校」で進める！アクティブ・ラーニングの環境づくり…27

1. 7つの視点で考える同僚との「チーム」づくり…27
   - ①見通しを共有する「授業進度スケジュール」…28
   - ②学びを共有する「先進地視察・研修レポート」…29
2. 5つの視点で進める生徒との関係づくり…30
   - ①第一印象を決める「授業開き」…31
   - ②授業が変わる「授業アンケート」…34
   - ③クラス全員の目が輝く授業に役立つ「生徒アンケート」…35
3. アクティブ・ラーニング型授業を支える教材・教具づくり…36
4. 安心・安全・挑戦を促す学習環境づくり…37
   - ①授業ルールづくり…37
   - ②一斉・ペア・グループワークのメリット・デメリット…38
   - ③グループワークの良さを実感できる「月からの脱出」ゲーム…39

Part 3 理論編
押さえたい！アクティブ・ラーニング型授業の指導技術…44

1. アクティブ・ラーニングを始める10のコツ…44
2. 非アクティブ・ラーニング型授業から見る新しい時代の授業とは…45
3. 「アクティブ・ラーニング型英語授業10箇条」とアクティブ・ラーニング型授業指導案…46
4. 主体的・協働的な授業を実現する6つの技…48
5. アクティブ・ラーニング型授業での「振り返り」…49
6. 「深い学び」を目指すアクティブ・ラーニング…50
7. 「ICE モデル」に学ぶ「深い」「高度な」「主体的な」学びにするヒント…51
8. 「協同学習」に学ぶ38の授業の工夫と30の技法…53
9. 「CLIL」に学ぶAL型授業のヒント…58
10. 成否のカギを握る！目標（課題）設定…60
11. 「国際バカロレア」に学ぶ10の学習者像…61
12. 押さえておきたい！英語授業の現状と今後の方向性…62
13. データで学ぶ「学力向上に有効な指導」…64

Part 4 授業編
4技能を育てるアクティブ・ラーニング型授業モデル…66

1. 4技能を育てるAL型課題解決の単元構成…67
2. 4技能を育てるAL型授業3つの工夫…68
    ① リスニングとリーディングをAL型にする工夫…68
    ② スピーキングとライティングをAL型にする工夫…69
    ③ 語法・文法・例文指導をAL型にする工夫…70
3. 「習得型」のAL型授業モデル5…71
    ① 協働的な小テスト…71
    ② 対人意識を活用した音読練習…72
    ③ 語法ミスは宝探しで自ら発見…73
    ④ 個人とグループでの問題演習…74
    ⑤ やる気になる協働的な検定制度…75
4. 「活用型」のAL型授業モデル19…76
    ① 得点を「可視化」して意欲を継続する「ワードカウンター」…76
    ② 学びを再生（再話）する「リテリング」…77
    ③ 人前で発表・プレゼンする「SP（Short Presentation）」…78
    ④ 議論・討論する「リテリングから双方向のミニ・ディスカッションへ」…80
    ⑤ 議論・討論する「汎用的な言語スキルを鍛えるミニ・ディスカッション」…82
    ⑥ 議論・討論する「（慣れを目標とした）ミニ・ディベート」…84
    ⑦ 創造・提案する「創造・提案型プレゼン」…87
    ⑧ 複数レッスンをつなげる「『創造』してリテリング（チャット）」…89

⑨実社会・実生活とリンクする「ユニバーサルデザイン」…90
⑩be going to と実物パンフレットを使って「海外旅行プラン」作り…92
⑪本物の英語に触れる「ALT とのディスカッション」…93
⑫本物の英語に触れる「海外ニュースやサイトを使った本物学習」…95
⑬ICT を活用する「ICT を活用して写真でひとこと」…98
⑭人間関係づくりの手法を用いる「グループエンカウンター」…100
⑮学校外の課題・検定に挑戦する「英作文コンテストで審査表彰」…102
⑯量やスピードを高度化する「1レッスン通し読み」…103
⑰長文演習は発信で終わる「長文演習，最後は発信まで！」…105
⑱学びを統合するプロジェクト学習「英語新聞」…106
⑲学びを統合するプロジェクト学習「リテリング年間 Review」…108

Part 5 家庭学習編

Deep AL をさらに推進する！家庭学習の促し方…110

1. アクティブ・ラーニングと「家庭学習（授業外学習）」…110
2. 家庭学習指導の始め方…111
3. 家庭学習に生徒が主体的に取り組む工夫…115
   ①単語練習に主体的になる指導アイデア…116
   ②音読練習に主体的になる指導アイデア…117
   ③問題演習に主体的になる指導アイデア…118
   ④生徒同士でお勧め勉強法を紹介する指導アイデア…119

Part 6 評価編

アクティブ・ラーニング型授業を支える評価とテスト…120

1. 多様な評価とパフォーマンステストの要項例…120
2. パフォーマンス評価を支えるルーブリック…122
3. 定期テストの取り組み…124
4. テスト前の AL 型自習…125

Part 7 教科外編

アクティブ・ラーニングでつながる教科外学習…126

1. 英語科との関連：生徒が主体的に求める「例文検定」…126
2. 総合的な学習との関連：教科の指導とからめた発表会…128
3. 総合的な学習との関連：修学旅行とからめた探究的な学習…130

おわりに…132
主要参考文献…134

Part 1 入門編 知っておきたい！アクティブ・ラーニングの基礎・基本

 アクティブ・ラーニングとは何か

　アクティブ・ラーニング型授業について考えるために，今一度，定義の確認から始めましょう。アクティブ・ラーニングとは「能動的な学習」や「主体的な学習」を意味する言葉ですが，文科省はそれに「協働」という概念を付け加え，「課題の発見と解決に向けて主体的・協働的に学ぶ学習」（いわゆるアクティブ・ラーニング）としています（平成26年11月20日諮問文）。ここでは，文科省施策における定義と学術的な定義の2つを中心に見てみましょう。

1 文科省の定義

　まずは，文科省施策における定義です。中央教育審議会答申の「用語集」からです。

> **教員による一方向的な講義形式の教育とは異なり**，学修者の能動的な学修への参加を取り入れた教授・学習法の総称。学修者が能動的に学修することによって，認知的，倫理的，社会的能力，教養，知識，経験を含めた**汎用的能力の育成を図る。発見学習，問題解決学習，体験学習，調査学習等が含まれるが**，教室内でのグループ・ディスカッション，ディベート，グループ・ワーク等も有効なアクティブ・ラーニングの方法である。
>
> ＊学修：授業時間に加え授業外（予習・復習）も含めた（主に大学教育の）考え

（出典）中央教育審議会「新たな未来を築くための大学教育の質的転換に向けて～生涯学び続け，主体的に考える力を育成する大学へ～（答申）」用語集（平成24年8月28日）p.37，太字は引用者。

　この政策的な定義からは，次のような「大きな方向性」を学べます。ポイントは3つです。

- アクティブ・ラーニングとは，教師の説明や講義による一方的な教育ではない。
- 簡単にいうと，「能動的な学修」を取り入れて「汎用的能力」を育成することである。
- 発見学習や体験学習，教室内のグループ・ワークなど多くの学習があり限定されていない。

2 学術的な定義

　続いて，京都大学の溝上慎一先生による学術的な定義を見てみましょう（太字は引用者）。

> **一方的な知識伝達型講義を聴くという（受動的）学習**を乗り越える意味での，あらゆる能動的な学習のこと。能動的な学習には，書く・話す・発表するなどの**活動への関与**と，そこで生じる**認知プロセスの外化**を伴う。
>
> ＊「認知プロセスの外化」…学習時に頭の中で起こっている情報処理プロセス（記憶，論理的思考，推論など）を頭の外に出してみること（発話，メモ，文章，図式化，ジェスチャー等による）。

（出典）溝上慎一（2014）『アクティブラーニングと教授学習パラダイムの転換』p.7

溝上先生の定義からは次のようなことが学べます（「2つの要素」も示されています）。

- どんなに上手な講義だとしても，「聴く」だけではそれは「受動的学習」とする。
- 文科省の定義における「能動的な学習への参加」（溝上先生の定義では「活動への関与」）に，「認知プロセスの外化」を定義に加えている（汎用的能力の育成に必要。書く・話す・発表する等の活動を求めることは，同時に，認知プロセスの外化を求めるものである）。
- 「活動への関与」と「認知プロセスの外化」がアクティブラーニングの2つの要素である。これらを少しでも取り入れた学習をアクティブラーニングとする。

❸ アクティブラーニングの一般的特徴

明確なイメージを持つため，ボンウェルとエイソンの「アクティブラーニングの一般的特徴」から，キーワードを5つ挙げてみます。溝上先生の定義とも多くが重なっています。

① 「聴く以上」　② 情報伝達より「スキルの育成」に重点　③ 「高次の思考」（分析，総合，評価）
④ 「活動」（例：読む，議論する，書く）　⑤ 自身の「態度や価値観の探究」に重点

（出典）Bonwell & Eison（1991），*Active Learning : Creating Excitement in the Classroom* p.2 からキーワード抽出

③の「高次の思考」と，溝上先生の「認知プロセスの外化」には少し違いがあります。高次の思考が「分析や統合・評価」とされるのに対し，後者は知覚や記憶，言語までをより幅広く含めます。外化とは，学んだことや考えたことを外に出すこと，と考えると良さそうです。

ここまでをふまえて，アクティブ・ラーニングの定義のポイントを以下にまとめます。

「実社会・実生活の中で通用する力（汎用的な資質・能力）をつける」という目的のために，
- 説明を聞く・板書を写すだけの授業から，書く，話す，発表するなどの学習も取り入れよう。
- 個人的な学習だけでなく，他者との学習や，集団や社会と関連した社会的な学習も行おう。
- 「知識」だけでなく「能力」（表現力等）に加え「資質」（人間性等）まで幅広く育もう。

アクティブ・ラーニングが求められている背景については，次のページからより詳しく見ていきます。最後に本書では，チッカリングとギャムソンが例えた，次のような授業を「目指すAL型授業のイメージ」としたいと思います。

Learning is not a spectator sport. Students do not learn much just by sitting in class listening to teachers, memorizing prepackaged assignments, and spitting out answers. They must talk about what they are learning, write about it, relate it to past experiences, apply it to their daily lives. They must make what they learn part of themselves.

（出典）Chickering and Gamson（1987），*Seven Principles for Good Practice in Undergraduate Education* p.5

アクティブ・ラーニングの必要性

続いて、なぜ今アクティブ・ラーニングが求められているのか、その背景を探りましょう。「何のためにALが導入されるのか」、その背景や趣旨・目的を理解しておくと、「やらされ感」なく主体的な実践につながりやすくなると思います。アクティブ・ラーニングが必要とされる経緯は、簡単に言うと次の3段階でまとめられます（p.14参照）。

（1）時代（社会・経済活動）が大きく変化している。
　　　工場で働く「工業社会」から、情報や知識が重視される「情報（知識基盤）社会」へ。
（2）これからの時代で活躍するための「資質・能力」を育てたい。
　　　例えば「課題解決」「協働」「価値の創造」「リーダーシップ」（「知識・技能」だけでない）。
（3）「資質・能力」を育てるには、座学より活動を伴うアクティブ・ラーニングが有効。
　　　「知識・技能」を教える授業から、加えて「資質・能力」を育てる授業に意識をチェンジ。
　　　アクティブ・ラーニングなしに汎用的な資質・能力を身につけることは難しい。

このように、次期改訂が目指す**育成すべき資質・能力を育むためには**、学びの量とともに、質や深まりが重要であり、子供たちが「どのように学ぶか」についても光を当てる必要があるとの認識のもと、「課題の発見・解決に向けた主体的・協働的な学び（いわゆる「アクティブ・ラーニング」）」について、これまでの議論等も踏まえつつ検討を重ねてきた。

（出典）中央教育審議会教育課程企画特別部会「論点整理」（平成27年8月26日）p.17、太字は引用者による。

ここでも「育成すべき資質・能力を育むためには、学びの量、質、深まりが重要」と説明され、そのために、「課題の発見・解決に向けた主体的・協働的な学び（いわゆるアクティブ・ラーニング）が有効」とされています。別の提言でもこう説明されています。

"今後10～20年で、雇用者の約47%の仕事が自動化される"といった予測もあるように、**将来の変化を予測することが困難な時代を生きる子供たち**に対しては、社会の変化に受け身で対処するのではなく、**自ら課題を発見し、他者と協働してその解決を図り、新しい知・価値を創造する力を育成することが喫緊の課題**である。そのためには、子供たちに「何を教えるか」だけでなく、子供たちが「どのように学ぶか」という視点が重要であり、「アクティブ・ラーニング」の視点で授業を改善し、課題の発見と解決に向けて主体的・協働的に学ぶ学習を充実させていくことが求められている。

（出典）文部科学省「教職員等の指導体制の在り方に関する懇談会提言」（平成27年8月26日）、太字は引用者による。

アクティブ・ラーニングで育成すべき「資質・能力」

　今後の社会変化を見据えた「育成すべき資質・能力」についてもう少し詳しく見てみましょう。世界各国では「育成すべき人材像」の「資質・能力」を整理しています。日本では「生きる力」（文科省）や「21世紀型能力」（国立教育政策研究所）など，海外では「キーコンピテンシー」（OECD-DeSeCo）や「21世紀型スキル」（アメリカほか）など多くあります。

1 21世紀型スキルとは

　たとえば「21世紀型スキル」を見ると，「新たな時代を生き抜く力」として次の10のスキルが挙げられています。今後はこのような力が求められると考えられているということです。

考え方	●創造性とイノベーション（革新性） ●批判的思考，問題解決，意思決定 ●学び方の学習，メタ認知
働き方	●コミュニケーション　●コラボレーション（チームワーク）
仕事や学習のツール	●情報リテラシー　● ICT リテラシー
世界に生きる	●地域とグローバルのよい市民であること（シチズンシップ） ●人生とキャリア発達 ●個人の責任と社会的責任（異文化理解と異文化適応能力を含む）

（出典）三宅なほみ（監訳）ほか（2014）『21世紀型スキル』p.46

2 資質・能力とは

　他にも，「資質・能力」に関する記述を公的資料から探すと次のようなものがあります。

> □主体性，自立性に関わる力　□対人関係能力　□課題解決力　□学びに向かう力
> □情報活用能力　□グローバル化に対応する力　□ICT 技能　□論理的理解　□企画力
> □異文化間理解　□持続可能な社会づくりに関わる実践力　□コミュニケーション能力
> □個人的・社会的責任　□学び方の学習　□批判的・創造的思考力　□自己管理能力

　これらをもとに，次期学習指導要領では，育成すべき資質・能力を次の「3つの柱」として整理すると考えられています。

①何を知っているか，何ができるか（個別の知識・技能）	②知っていること・できることをどう使うか（思考力・判断力・表現力等）	③どのように社会・世界と関わり，より良い人生を送るか（学びに向かう力，人間性等）

これと似た概念に,「高大接続改革答申」における「学力の三要素」があります。これは,社会で自立して活動するのに必要な力という観点から「真の学ぶ力」とされています。

①知識・技能（「狭義の学力」）	②知識・技能を活用して,自ら課題を発見しその解決に向けて探究し,成果等を表現するために必要な思考力・判断力・表現力等	③主体性を持ち,多様な人々と協働して学ぶ態度（主体性・多様性・協働性）

（出典）中央教育審議会「新しい時代にふさわしい高大接続の実現に向けた高等学校教育,大学教育,大学入学者選抜の一体的改革について」（答申）平成26年12月

上記２つの概念はほぼ共通しており,まとめると,今後の教育で目指すのは,これまでの「狭義の学力」の①「知識・技能」だけでなく,②の「思考力・表現力・判断力等」,さらに,③の「他者と協働して学びに向かう人間性」等までを総合的に育むことになります。

英語授業に当てはめて考えると,次のようなイメージです。

> 英語の知識があり,英語で意見を発信できる力だけでは不十分で,課題解決に向けて他人と協働したり,何か新しいものを創り出したりして解決する力も必要とされている。

3 アクティブ・ラーニングの果たす役割

左側のものを育むときに,アクティブ・ラーニングは右側のような役割を果たします。

知識・技能	活用して定着し,既存知識や技能と関連づけられ体系化する。
思考力・判断力・表現力	主体的・協働的な問題発見・解決場面を経験して磨かれる。
主体性・多様性・協働性	実社会や実生活の関連課題を通じ動機づけをして喚起される。

（出典）中央教育審議会教育課程特別部会「論点整理」（平成27年8月26日）p.16〜17より作成

4 今後の授業づくりの３つの視点

資質・能力を育むには,次の３つの視点での授業改善が大切とされています。

> （1）（深い学び）習得・活用・探究という学習プロセスの中で,問題発見・解決を念頭に置いた**深い学び**の過程が実現できているかどうか。
> （2）（対話的な学び）他者との協働や外界との相互作用を通じて,自らの考えを広げ深める,**対話的な学び**の過程が実現できているかどうか。
> （3）（主体的な学び）子供たちが見通しを持って粘り強く取り組み,自らの学習活動を振り返って次につなげる,**主体的な学び**の過程が実現できているかどうか。

（出典）中央教育審議会教育課程特別部会「論点整理」（平成27年8月26日）p.17〜19,太字は引用者による。

「深い学び」「対話的な学び」「主体的な学び」が今後の授業改善のキーワードです。

アクティブ・ラーニングの背景①
変化の激しい社会

　アクティブ・ラーニングが求められる背景に「変化の激しい社会」がありました。どのような社会を迎えるのでしょうか。生徒と話し合って生徒自身に追求してもらいたいテーマです。

❶ 変化の激しい社会　〜単純労働は機械が担う時代に〜

　「2011年度にアメリカの小学校に入学した子どもたちの65％は，大学卒業時に今は存在していない職業に就く」（キャシー・デビッドソン氏）。「今後10〜20年程度で，約47％の仕事が自動化される可能性が高い」（マイケル・A・オズボーン氏）など，今後は多くの仕事が消滅することが予想されています。この基盤には，「グローバル化」「情報化」「技術革新」「AI（人工知能）」などの発達があり，オズボーン教授らの『雇用の未来』では，「今後10〜20年以内にコンピュータやロボットに職を奪われる可能性が高い職種」を次のように予測しています。

仕事を「奪われそうな」職種		仕事を「奪われそうにない」職種	
職種	奪われる確率	職種	奪われる確率
電話による販売員	99%	医師	0.4%
データ入力		小学校などの教師	
銀行の融資担当者	98%	ファッション・デザイナー	2.1%
金融機関などの窓口係		エレクトロニクス技術者	2.5%
簿記・会計監査		情報通信システム管理者	3.0%
小売店などのレジ係	97%	弁護士	3.5%
料理人	96%	ライター・作家	3.8%
給仕	94%	ソフトウェア開発者	4.2%

（出典）小林雅一（2015）『AIの衝撃　人口知能は人類の敵か』p.45より作成

　教育は社会の動きと大きく関係しています。時代が「農業社会」から「工業社会」へ，さらには，「情報（知識）社会」へと変わる中で，思考の方法やスキル，道具も変わります（『21世紀型スキル』）。工業社会では，決まったことを正確に素早く行える人材が必要とされ，戦後の大復興を見れば，日本の学校教育は「工業社会」において大成功したと胸を張れるものです。ところが『AIの衝撃』によると，今後はテクノロジーの進化で「基本的には単調な反復作業からなる職業」（事務処理や半熟練工など）は機械に代替される，とされています。つまり，私たちは「情報社会」で成功する方法を新たに考えるべき時代に来たのです。ちなみに，（少なくても当面は機械に）奪われる可能性がない仕事は，医師や企業家など「高度な創造性と社会的知性（＝社交やコミュニケーションなどの能力）を必要とする職業」とされています。

2 生産年齢人口の推移

さらに，日本における「生産年齢人口の減少問題」もあります（文科省の「論点整理」）。生産年齢人口とはおおざっぱにいうと労働人口のことで，2010年に比べ2030年には8割に，2060年には約半数まで減少します。働く人が減れば国の生産性は下がり税収も下がります。さらに，高齢者の増化による社会保障費の増大も見込まれます。それに対して教育を充実させることにより，一人ひとりの能力を高め生産性を上げることで国としての総合力も高めたいというねらいがあります。

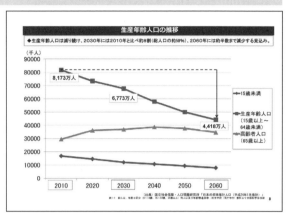

3 環境問題，少子高齢化問題など「容易には解決できない新しい課題」に直面

さらに，環境問題，少子高齢化問題，民族問題，人口問題，宗教間問題など，簡単には解決できない世界規模の問題が多くあります。また，「グローバル化」も進展中です。グローバル化を「異質との共生」と考えると，海外に行かない生徒にも関係します。異なる他者や考えとの共生は皆に必要だからです。これらも主体的・協働的な学習が求められるゆえんです。

4 今後求められる人材

それでは，新しい時代にはどのような人材が求められるのでしょうか。

- 主体的に学習して探究する人（自学自習ができる）
- 高い志がある人（高い目標を設定して主体的に行動する人）
- 他者と力を合わせて協働して貢献できる人（協働，社会とのつながり，創出）
- 新しいアイデアを生み出す人（アイデア）
- 新しい場面や機会に積極的にチャレンジして意見を表明する人（チャレンジ）
- 予測不可能な状況にも柔軟に対応できる人（柔軟性）

こうした力は，「教室で黙って先生の話を聞く」だけで身につけるのは難しいでしょう。さらに，雇用も大きく変化し，「終身雇用や年功序列の崩壊」「有期雇用の増大」「職業人生の長期化（80歳頃まで）」「異なる専門性や領域での労働（3回ほど）」などの指摘もあります。

こうした社会の変化は，『フラット化する世界』や『ポスト資本主義社会』など多くの書籍で学べます。私は生徒こそが未来や未来で必要な力を調べ，「このままではいけない」と真剣になり（心に火を灯す），自ら主体的に学習に向き合うことが大切だと思っています（「気持ち active」，「生き方 active」）。

5 アクティブ・ラーニングの背景② 変化する大学入試

　「アクティブ・ラーニング」は，教育改革のキーワードの1つです。教育改革は，「高校教育の改革」と「大学教育の改革」に加え，その両者をつなぐ「高大接続（入試）」改革もセットです。入試を含めたすべてを一体的に変えることにより，確実な変化を生み出そうとしているのです。文科省の発表をまとめると，大学入試センター試験と個別の大学入試で測っていたものを，今後は「学力の三要素」（p.13参照）に基づいて，多角的な試験への移行を目指すようです。しかも，試験（下表イ）の成績は点数別ではなくて，「段階評価」とされ，下の表（ウ〜オ）のような多面的な試験を通して実際に評価することが求められるのです。

(1) 確かな学力	①基礎的・基本的な知識・技能	左の3要素を右のような方法で評価	ア	大学入学希望者学力評価テスト（仮称） • マークシート＋記述・論述式問題 　（知識・技能＋思考力・判断力・表現力を中心に評価） • 英語は「書くこと」「話すこと」も含めた四技能評価（検討）
	②思考力・判断力・表現力 （基礎的・基本的な知識・技能を活用して課題を解決する力）		イ	記述・論述式問題 • 自分の考えに基づき論を立てて記述する形式の学力評価等 　（解答の自由度の高い記述式や小論文などを含む）
	③主体的に学習に取り組む意欲・態度 （高大接続改革答申では「主体性・多様性・協働性」）		ウ	高校時代の学習・活動 • 調査書（高等学校基礎学力テスト〔仮称〕の結果を含む） • 活動報告書（ボランティア・部活動等） • 各種大会や顕彰等の記録 • 資格・検定試験 • 推薦書等
			エ	エッセイ，大学入学希望理由書，学修計画書
			オ	面接，集団討論，プレゼンテーション
(2) 豊かな心	• 社会の発展に寄与する態度を養うために必要な「公共心」や「倫理観」 • 社会奉仕の精神，他者への思いやり			
(3) 健やかな体	• 健康の保持増進のための実践力			

（出典）「すべての生徒に共通に身につける資質・能力『コア』についての基本的考え方」と「高大接続改革の全体イメージ（素案）」等をもとに作成

　この表内の（1）「確かな学力」に注目すると，今後は①の「知識の暗記」（知識・技能）だけでなく，②の「思考力・判断力・表現力」，さらに③の「主体性・多様性・協働性」等も重視されるということです。すでに高校現場でも「思考・判断・表現」が授業やテストで問われています。例えば，ある文章から何かを「抜き出せ」や「訳せ」ではなくて，複数の情報を「比較せよ」「推測せよ」「考えをまとめよ」などの高次な思考を求める出題です。

　今後の入試では，次のような出題の方向性にシフトする大学もあるとの指摘もあります。
- 「火星人に人間をどう説明しますか」（ケンブリッジ大学医学部）
- 「牛1頭には世界中の水の何パーセントが含まれていますか」（ケンブリッジ大学獣医学部）
- 「コンピュータは良心を持つことができるでしょうか」（オックスフォード大学法学部）

　私たちは，「入試改革があるからそれに対応した授業をしよう」と受け身的に考えるのではなくて，「これからの時代に求められる力をつける授業をしよう。入試もそれを見とるものに変わっていく」と，前向きに考えて主体的に取り組んでみてはいかがでしょうか。

6 アクティブ・ラーニングを支える理論①
ラーニングピラミッド

　ここからはアクティブ・ラーニングを支える論理や考えについて見ていきましょう。「授業を聞くだけでは知識の定着率は5%」という衝撃の言葉を聞いたことがあるかと思います。次のような「ラーニングピラミッド」と呼ばれる模式図から来たものです。

ラーニングピラミッド（知識の定着率）と呼ばれる模式図

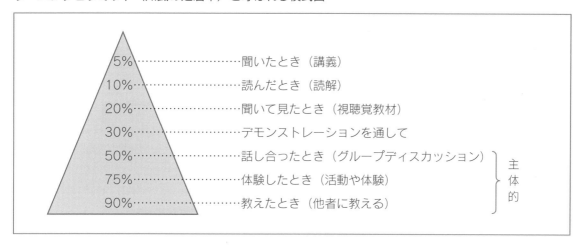

　この図は，多くの本や発表で引用されていますが，「データに裏づけられていないのでは」という主張や，「デール（Dale,1954）の『経験の円錐』（the cone of experience）から発展して後に根拠のない数値がついたのでは」という主張もあるようです（溝上，2014）。

　ただ，このピラミッドの示す「主体的で体験やアウトプットを伴う活動の方が受け身の学習よりも定着度が高い」という考えは，多くの先生方の経験と合致するのではないでしょうか。また，この図が示すのは，ピラミッドの下の方の主体的な学習だけを行うというより，ピラミッド内のいろいろな形態を授業に取り入れて定着度を高めよう，と考えると良いと思います。

　京都大学の溝上慎一先生も，「ラーニングピラミッドを『模式図』として理解し，アクティブラーニング型授業によって，講義中心授業を脱却しようとすることは，十分あっていい。たとえ学術的に問題のある図であるとしても，この図でアクティブラーニングの実践が前に進むのであれば，大いに価値はある（学術的な視点と実践的な視点を分ける）」と述べています（『アクティブラーニングと教授学習パラダイムの転換』p.147〜153）。生徒にアクティブ・ラーニングの効果を伝える際にも，わかりやすく説明するために活用できる資料の1つだと思います。

7 アクティブ・ラーニングを支える理論②　経験学習・発達の最近接領域（ZPD）

　2つめは「経験学習」と「発達の最近接領域（ZPD）」について学びましょう。AL では「主体的な活動」に加えて「振り返り」も重視されています。この理解を深めるには，コルブの「経験学習モデル」が役立ちます。コルブの「経験学習理論」は「知識」中心の学習と区別して，「経験から学ぶプロセス」を「経験学習サイクル」としてモデル化したもので，ビジネス界でも有名です。後者からは，協働の意義を学べます。

図　Kolb の経験学習モデル

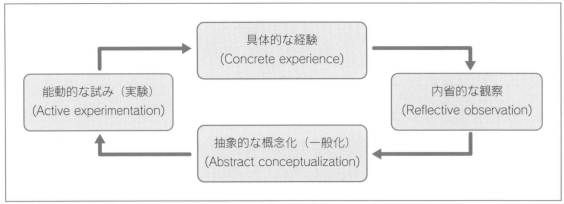

（出典）Kolb, D.A（1984）Experiential learning より作成

「経験学習サイクル」から学べることを，松尾睦（2011）をもとに3点にまとめます。

- 人は，①「具体的経験」をした後，②その内容を「内省し（振り返り）」③そこから「教訓」を引き出して，④その教訓を「新しい状況に適用する」ことで学ぶ。
- 経験からより深く学ぶには，具体的な経験をじっくり振り返るプロセスが大切。
- 経験学習サイクルは，次の3点を意識すると経験学習の質が向上する。
  ①「適度に難しい課題に取り組んでいるか」（体験）　②「フィードバックを得ているか（振り返り）③「教訓を活用する機会を持っているか」（適用）

（出典）松尾睦（2011）『職場が生きる　人が育つ「経験学習」入門』p.55〜62

　ロシアの心理学者ヴィゴツキーは，「子どもが1人でできること」と「大人や仲間の援助があればできること」の「差」を「発達の最近接領域」（Zone of Proximal Development）と呼びました。解釈は多くありますが，「子どもが1人ではできないが，大人や仲間の援助があれば解決できる課題を適切に与えれば，発達を最大限に促すことができる」と考えられます。

8 アクティブラーニングを支える理論③ 自己決定理論

　3つめは，「自己決定理論」（SDT―Self Determination Theory）について学びましょう。これは，心理学者のエドワード・L・デシが構築した理論で，外圧ではなく，自らの気持ちに基づいて学んだり仕事をしたりしようとする意欲で，簡単に言うと，「人は自らやりたくなる環境が一番能力を発揮できる」という理論です。AL型授業づくりにおいても参考になる考えです。

１ 内発的動機づけの源

　自己決定理論では，内発的な動機は次の３つの気持ちに支えられる，とされています。

- 「自律性」への欲求（Autonomy）:「自律的でありたい（自己決定したい）」
- 「有能さ」への欲求（Competence）:「有能でありたい」
- 「関係性」への欲求（Relatedness）:「周囲の人と温かい人間関係を持ちたい」

生徒指導の３機能である「自己決定」「自己存在感」「共感的人間関係」と似ています。

２ やる気に火をつける自己決定理論の３要素

強制でなく，自分の行動を自分で選び，主体的な役割を果たしたいという欲求。	**自律性（Autonomy）** 自分の価値観や興味に基づいた行動
有能感（Competence） 自分ができるという自信	周囲に影響力や能力を発揮することで自信を持ちたいという欲求。達成，技能アップ，成長などが該当。
他者との結びつきを深めて尊重しあえる関係を構築したいという欲求。結びつきを求めてグループワークを好む。	**関係性（Relatedness）** 大切にされている，他者とつながっているという実感

（出典）永田豊志（2015）『フレームワーク図鑑』p.86〜87より作成

３ 「自律性」「有能性」「関係性」を高めるポイント

- 「自律性」と「有能さ」を高めることが内発的動機づけを高めることにつながる。
  - □大切なのは，生徒自身が「自分が有能で，自律的である」と認識していること。
  - □自律性の支援例：「自己選択」（活動内容や方法）・「意志決定」する役割
- 「関係性」への欲求：「周囲の人と温かい人間関係を持ちたい」
  - □他者との良好な関係が生徒の動機づけを高めるうえでも大切。

　以上は『人を伸ばす力』（1999）をもとにまとめました。生徒との関係づくりは，p.30や拙著『高校教師のための学級経営365日のパーフェクトガイド』（明治図書）をご参照ください。生徒には，「できる」「選択できる」「つながっている」と説明すると通じやすいです。

9 アクティブ・ラーニングを支える理論④ 「3つの『や』」と「登山型学習」

　先ほどの「自己決定理論」における3要素（「自律性」〔自己決定〕・「有能性」〔できる〕・「関係性」〔周囲との人間関係〕）は，生徒が自らやりたくなる「内発的な動機づけ」を促すために，教師が授業づくりにおいて大切にしたい考えでした。

　それに関連して，生徒に伝えたい話を最後に2つご紹介します。「英語力が伸びる3つの『や』」と「英語学習は登山型」です。前者の「英語力が伸びる3つの『や』」については，拙著『英語家庭学習指導ガイドブック』で詳しく紹介したのでここでは簡単に紹介します。

1 英語力が伸びる3つの「や」

　私は，英語力が伸びるうえで，大切なことが3つあると考えています。次の3つです。

- やる気（やる気がないとそもそも人は伸びない。主体的になると学力が大きく伸びる）
- やり方（やり方がまずいと伸びにくい。自分のスタイルに合った適切な方法が大切）
- やり続けること（やる気があって，やり方が良くても続けないと力にならない）

　この頭文字をとって，「英語力が伸びる3つの『や』」と呼んでいます。ある研修会で，これは「教師力が伸びる3つの『や』」でもありますとご紹介すると，「人間力が伸びる3つの『や』でもありますね」と別の先生がおっしゃいました。このように，「3つの『や』」は，他にも応用が利く（汎用性の高い）考えだと思います。生徒も喜んで覚えてくれます。

2 英語学習は登山型

　もう1つ，生徒に紹介したい考え方があります。それは，「英語学習は（ある意味）『登山型』」という考えです。この図を板書して次（下の吹き出し）のような話をします。

- 登るには「やる気」が必要で，自分に合った「やり方」（登り方）で，頂上に着くには「登り続けること」が大切。
- 頂上への到達ルートは1つではない。
- 人と助け合って登ると楽しい（協働）。
- 頂上（英語習得）までは，2000～3000時間必要（との意見もある）。
- 授業外でも登れば登るほど早く着く（授業外学習の大切さ）。
- 登るほど違う景色が見える（英語も）。
- 卒業後も自力で登山できる人になる。

10 アクティブ・ラーニング型授業の分類

アクティブ・ラーニングは，様々な観点で分類できます。ここでは「技法と能動度」「参加型学習」「習得・活用・探究」による3分類を見てみましょう。実践の位置づけに有用です。

1 分類① 技法と能動度

受動的学習	教員主導型	□話し方　□板書の仕方　□スライドや実物の見せ方
能動的学習	教員主導 講義中心型	□コメントシート　□小テスト　□宿題 □ディスカッション　プレゼンテーション
	学生主導型	□協同学習　□調べ学習　□ディベート

（出典）溝上慎一（2014）『アクティブラーニングと教授学習パラダイムの転換』より作成

2 分類② 参加型学習

意見発表・交換型： 議論や発表を通して，意見を交換・整理する形態	□ディベート　□ディスカッション □プレゼンテーション　□ブレインストーミング
理解深化型： 自分の思考を客観的に振り返り，理解を深める形態	□協調学習　□学び合い　□振り返り（リフレクション） □自己による学習評価　□作文
課題解決型： 課題に対して解決策を提案，または実行する形態	□課題解決型学習　□ケーススタディ □探究・調べ学習　□プロジェクト型学習　など

（出典）木村充，山辺恵理子，中原淳（2015）「東京大学－日本教育研究イノベーションセンター共同調査研究 高等学校におけるアクティブラーニングの視点に立った参加型授業に関する実態調査：第一次報告書」

3 分類③ 習得・活用・探究の3類型

3類型	教育学的授業類型	獲得するもの
習得型	教師主導の講義・実習・習熟型授業	基礎的・基本的な知識・技能
活用型	教師主導の課題解決授業	知識・技能の基本的モデル
	生徒主体の課題解決授業	問題解決能力（思考力・判断力・表現力等）
探究型	問題解決型授業	問題発見・解決能力

（出典）藤村裕一（2015）『アクティブ・ラーニング対応 わかる！書ける！授業改善のための学習指導案』より作成

「習得」「活用」「探究」とは何か

　ここでは,「習得」「活用」「探究」という3類型に注目し,さらに理解を深めましょう。「活用」と「探究」については,安彦忠彦先生の『「コンピテンシー・ベース」を超える授業づくり』(図書文化社)が参考になり,これをもとに以下整理します。

		特徴
活用	活用Ⅰ	●教科学習で習得した知識・技能のうち,活用させておく方が良いものを,**教師が選んで**活用させる。 ●教科学習の時間に,**教師主導**で良い。 ●その知識・技能の活用の文脈は,子どもにはすぐわかるような開けた**既存の文脈で活用**させる(直前に学習した知識・技能が中心)。 ●**子ども全員に共通に経験**させ,達成させる(**経験自体がねらい**)。
	活用Ⅱ	(**活用Ⅰより一段上のレベルのもの**) ●教科学習で習得した知識・技能のうち,**一部の重要なもの**を活用させる。 ●教科学習の一部として,**教師と子どもが,半々に関わる**もの。 (**ヒントを含む半誘導的なもの**。総合的な学習の場合は,すべて自発的なもの) ●その活用の基礎にある**文脈自体も,子どもには新しいもの**。 (**教科の発展として,生活上の,教科を超えるものも可**) ●全員共通に経験させるが,子どもによって,**達成度は異なっても良いもの**。
探究		●どんな知識・技能を活用するか,**本人しかわからない**(**本人が決める**)。 ●教科学習に限らず,**自分の全経験の中から,子ども自身が自発的に選ぶ**もの。 ●**実生活上の問題を中心に,新しい文脈**でその知識・技能を活用する。 ●**個々の子どもによって何を活用しているかは別々でよい**。 (経験ではなく,その**結果の達成度が求められる**)

(出典) 上掲書 p.51～55より作成(一部修正),太字は引用者による。

　以上からは,今後は,「内容を覚える」習得型の学習だけでなく,学んだ「知識・技能」を直接的に易しめのレベルで活用する(活用Ⅰ),そして,やや難度が高く,教師がヒントを与える生徒主体のレベル(活用Ⅱ)。さらには,「探究型」として,完全に生徒主体で,問題も自ら立て,解決に知識技能を総合的に使う学習が求められると言えそうです。

　本書における,「習得型 AL」や「活用型 AL」「探究型 AL」と呼ぶ場合は,この表の内容を基盤とします(参考になる考えが多いので上掲書のご一読をお勧めします)。

12 思考力・判断力・表現力をどう育てるのか

　現在,「学力の三要素」の2番目の「思考力・判断力・表現力」の育成が求められていますが,どのような授業をすれば良いのでしょうか。中教審答申（平成20年1月）では,重要なのは,「記録」「要約」「説明」「論述」などの知識・技能を活用する言語活動としています。

　文科省は,思考力・判断力・表現力等を育む言語活動を充実させるためにポスターを作成し,「一斉授業だけでなく」「先生が説明するだけでなく」「板書をノートに写すだけでなく」と次のような変革を促しています（イラストつきのポスターは「言語活動を通した授業改善のイメージ例」で検索できます。私の勤務校では,校内研修で活用し,印刷室に掲示しています）。

■考えを深める場面で		
一斉授業	だけでなく →	□ペアで意見を交換する □付箋を使って話し合う □ホワイトボードを使って話し合う
ポイント	自分の考えを持ち,他者の考えとの共通点や相違点を意識しながら考えを深めていくような言語活動を充実する。	

■発表の場面で		
先生が 説明する	だけでなく →	□生徒が説明する □製作物を使って発表する（ポスターセッション） □立場を決めて討論する
ポイント	自分でまとめた事柄について説明したり,相手の立場や考えを尊重して話し合ったりするような言語活動を充実する。	

■書く場面で		
板書を ノートに写す	だけでなく →	□レポートにまとめる □新聞にまとめる □ICTを活用する
ポイント	生徒が集めた情報を整理・分析し,論理的にまとめて表現するような言語活動を充実する。	

　上記の言葉は穏やかに書いてありますが,その意図するところは,要するに「一斉授業だけではダメですよ」「先生が説明するだけではダメですよ」「板書をノートに写すだけではダメですよ」ということだと読み替えてみると,思わずハッとさせられます。

続いて，英語の授業では，「思考力・判断力・表現力」等をどのように育成すればよいのでしょうか。文科省の「資質・能力の三つの柱」（p.12参照）に沿った「小・中・高を通じて育成すべき資質・能力の整理（たたき台）」を概観してみましょう。次のことがポイントになりそうです。

知識・技能	思考力・判断力・表現力等	学びに向かう力，人間性等
聞く，話す，読む，書くに関する知識・技能	●身近な話題について，他教科や地域での学習内容等と関連づけて，考えや気持ちなどを英語で伝え合う能力（中学） ●日常的な話題から時事問題や社会問題まで幅広い話題について，情報や考えなどを的確に理解したり適切に伝え合ったりする能力（高校） ●聞いたり読んだりしたことを活用して話したり書いたりして発信する能力	他者を尊重し，相手に配慮しつつ，外国語で積極的にコミュニケーションを図ろうとする態度　など

　より具体的な言語活動は，「言語活動の充実に関する指導事例集〜思考力，判断力，表現力等の育成に向けて〜【中学校版】【高等学校版】」が参考になります。一例を紹介します。

【中学校】●日本の文化についてALTに話して説明する事例　●読んだ内容について理由とともに自分の考えを書く事例　●思考・判断しながらスキットを作成し演じる事例
【高校】●説明文を読んで概要や要点を的確に理解するとともに，音読したり感想や自分の考えを書いて発表したりする事例　●教科書で読んだ内容やリサーチをして得た情報を活用して，グループでプレゼンテーションを行う事例　●教科書で読んだ内容やリサーチをして得た情報に基づいて，問題解決のためのグループ・ディスカッションを行う事例　●教科書で学習した内容に自分で調べて得た情報を加え，事物の特徴や利点を話したり書いたりして説明する事例

　まとめると，思考力・判断力・表現力を伸ばすには，次のような工夫ができそうです。

●教科書の英文を繰り返し使用して「使う力」まで高める。
●ペアワークやグループワークを通して「多様なものの見方」を養う。
●答えが1つではない問いを考えることで「深い読み」を促す（Open Question）。
●課題文を読んでエッセイを書くなど，「自分の考え・意見」をアウトプットする。
●読んだ英文を参考にし自分なりの「新企画」を考えて，人前で「プレゼン」する。
●読んだことをもとに書くなどの「統合的な言語活動」を充実する。

アクティブ・ラーニング型授業のポイント

ここまで，アクティブ・ラーニングを促す授業について様々な観点から考えてきました。ここで，それらのポイントをまとめ，今後の授業づくりの指針としたいと思います。

- アクティブ・ラーニングのねらいや効果には，次のようなものがある。
  「思考の活性化（深化）」「授業の活性化」「スキルの向上」「学びのアウトプット」
  「表現力の向上」「対人能力の向上」「実社会に役立つ資質・能力の育成」
- 「思考の活性化」（思考 active：主体的な学習）や「自立的な学習者」育成だけが目的でなく，「主体性」「表現力」「多様性」「社会との関わり」「人間性」までも幅広く目指す。
- 主体的・協働的な学びを達成するには，「授業観」を変えるのが効果的（意識が変わると授業が変わりやすくなる）。例えば，「個で静かに学ぶ」授業観から「他者とも協働して深く学ぶ」授業観へ，「暗記・再生型」の授業観から「思考・表現型」の授業観へなど。
- アクティブ・ラーニング型の授業は，これまでに提唱されている優れた指導法から学ぶことができる。例えば，協同学習，学びの共同体，『学び合い』，プロジェクトアドベンチャーなど多くある。
- 1つの指導法だけに固執しない。自分や生徒や目的に合わせて柔軟に指導法を選択する。そのときは「深い学び」「対話的な学び」「主体的な学び」の3つを意識する（p.13参照）。
- 「従来の一斉授業」と「アクティブ・ラーニング型授業」の長所・短所を把握する。

	メリット	デメリット
一斉授業	●情報の一斉伝達に有効 ●人との関わりが苦手でも参加できる	●受け身の姿勢になりやすい ●テストが終わると忘れやすい
AL型授業	●活用するので定着しやすい ●表現力や協働性，主体性が身につく	●活動するので時間がかかる ●問いや課題設定が簡単ではない

- 要は，両者の「メリット」を活用して，「デメリット」の影響を最小限にする「ハイブリット型」の指導を考えることが大切（どちらかだけの振り子にならないこと）。
- グループワークだけでは個人として解けるようにはならない。最終的には個としても解けるようになるよう，個人的な力のアップも常に意識する（個→集団→個）。そのためには「書いて定着を図る」「学びを説明する」などの方法も効果的。
- アクティブ・ラーニングは広い概念で，「アプローチ」の仕方は多様にある（p.26参照）。
  自分が取り組みやすいものから取り組み，それらを互いに発表・公表しあうことで，より多様な方法が学びあえる（教師集団としてのアクティブ・ラーニング）。教師も Teacher is a learner of teaching. という意識を持って研修する（中嶋洋一先生よりの学び）。

> ●提唱されている指導方法からアプローチ　●ペアワーク・グループワークからアプローチ　●言語活動の充実からアプローチ（今後はこれがアクティブ・ラーニング型授業の中核となりそう）　●ICTの活用からアプローチ　●授業の活動バランスからアプローチ　●反転学習からアプローチ　●授業外学習からアプローチ　●カリキュラム・マネジメントの視点からアプローチ　●主体的な学びからアプローチ　●逆向き設計（バックワードデザイン）からアプローチ　●評価からアプローチ　●入試改革からアプローチ

- アクティブ・ラーニングは「手段」であり，目的は実社会・実生活に生きる「資質・能力」を育てること。たとえば「コミュニケーション能力」や「4技能」の育成など。
- 英語授業とアクティブ・ラーニングには共通部分が多い。英語の教科目標の1つは「積極的にコミュニケーションを図ろうとする態度」であり，主体的・協働的に学ぶことは積極的にコミュニケーションを図ることにつながる。もう1つの教科目標は「コミュニケーション能力の育成」で，話すときには聞き手，書くときには読み手という相手意識があり，相手を尊重する態度は，協働的に学ぶことと関連している（平木裕〔2015〕参照）。
- 英語授業での指導を少しずつ高度化することを意識する（石井英真〔2015〕参照）。

基礎	単語の読み書き／文法の暗記／定型的なやりとり／リピート／説明／音読
中間	定型表現などを使った簡単な会話やスキット（で少し使ってみる体験）
高度	英文を読んで（聞いて）概要や要点をつかみ，意見を英語で書いたり，クラスメートとディスカッション（ディベート）したりして，考えを深めたりする。

- アクティブ・ラーニング型の英語授業は「体育」「部活」のイメージに近い。先生が英語を話すだけではなく，生徒が英語を話したり書いたりする活動時間をできるだけ長く保証する。「説明は授業（やコース）の4分の1」という主張もある（Nation & Newton, 2008）。サッカーや水泳の授業で先生が説明するだけでは生徒の力はつかない。ルールはやりながら覚える。
- うまくなりたければ授業外学習を意識する。体育（音楽）の授業で授業の中だけでサッカー（ピアノ）がうまくなるだろうか（授業外でも本気で学ばないと高みにはいけない，p.20参照）。
- 「先生が教えない」のが良い授業だとは限らない（部活動と同じ）。指導者には過去の膨大な学びの蓄積がある。教師の適切な介入により学習を深めることができる。生徒同士で多くのバリエーションを学ぶことも必要だし，先生から基本型や発展型を学ぶことも重要。要するに「先生が教えるだけではいけない」ということ。ただし，先生が教えすぎてしまうと生徒は自ら学ぼうという気になりにくいので注意する（大根も水をやりすぎると枯れてしまう）。
- 良質なアウトプットをするには豊富なインプットが必要。自身の留学体験からも，週2回の大学授業のうち，予習として膨大な読み物と1回目の講義（1時間）があり，それを踏まえて2回目のディスカッション授業（2時間）で学びを深めた。講義や自学も大切。

Part 2 準備編 「チーム学校」で進める！アクティブ・ラーニングの環境づくり

1 7つの視点で考える同僚との「チーム」づくり

全学年の英語授業を自分1人で担当する学校以外では，同僚の先生との「縦のつながり」（異学年）や「横のつながり」（同学年）が大切です。たとえば，年間目標はどうする，テストは，毎時間の授業は，どんなプリントを使うのかなど，共有したいことは多くあります。

特に現在は，教科書の進度（だけ）に意識をおく「履修型」の授業観から，加えて「何ができるようになったのか」に意識をおく「習得型」の授業観に移行しつつあるので，他の先生方との連携は重要になります。チームづくり（同僚性）のポイントを見てみましょう。

視点1　教科の「目的」や「目標」を共有する

まずは，教科や科目の「目的」や「目標」の設定から始めましょう。すでにCAN-DOリストやシラバスがあればそれらを活用します。技能ごとに具体的な目標を意識します。

視点2　教科の「評価」や「テスト」を共有する

次に，目的や目標を「評価」や「テスト」の形に具現化します。どこまで登るのかイメージの共有を図るのです。定期テストや実技テストの中心課題を決めるだけでもOKです。

視点3　授業の「具体的な進め方」を共有する

授業を始めるに当たっては，授業の具体的な進め方も共有します。ただし，「目標を共有して登り方は各自のスタイルに任せる」という方式もやりやすいかもしれません。

視点4　授業の「進度」や「週末課題」を共有する

定期テストまでの授業進度や課題を計画します。テストまでの進度がそろいやすくなります。仕事分担もやりやすく，生徒も見通しが持てるようになります（❶参照）。

視点5　お互いの強みを活かして「教材」を共有する（仕事分担）

仕事は各自の強みに応じて役割分担をします。各自が作ったプリントなどは教科の共有フォルダなどに保管すれば，バージョンアップも容易で次年度の仕事も楽になります。

視点6　お互いの授業参観から「良い点」を共有する

お互いの授業の良い点や各自の研修レポートから学び合いましょう。❷は，研修会や先進地視察をした際に書くレポート書式ですが，これを校内研修でも用いることで，お互いの授業参観から良い点をシェアできます。

視点7　授業外でも「時間」や「悩み」を共有する

仕事上の悩みを話し合ったりお土産を持ち寄ったりするなどの日常関係も大切です。

見通しを共有する「授業進度スケジュール」

次の定期テストまでの授業予定や課題を一覧にして教師と生徒で見通しを共有します。

高校3年生 英語1学期前半(4月8日〜) 予定表

*授業予定を自宅学習の参考にしてください。週末課題等は事前に把握しておき、計画的・主体的に取り組みましょう。

日付	曜	行事	Communication英語 18	Communication英語 19	英語表現 9	英語表現 10	朝テスト	週末課題
			123組	456組	123組	456組		
4/7	火	春休み課題テスト						
4/8	水	春休み課題テスト						
4/9	木	対面式(1限)	ガイダンス	ガイダンス		ガイダンス		
4/10	金			Lesson1通し読み	ガイダンス			
4/11	土							
4/12	日							Vintage (No.1309〜1359)
4/13	月		Lesson1通し読み	Lesson1①	P1 L18			週末課題提出
4/14	火		Lesson1①	Lesson1②		P1 L18		
4/15	水						Vintage (No.1309〜1359)	
4/16	木		Lesson1②	Lesson1③		P1 L19		
4/17	金	遠足						
4/18	土							
4/19	日							Vintage (No.1360〜1407)
4/20	月		Lesson1③	Lesson1まとめ①	P1 L19			週末課題提出
4/21	火		Lesson1まとめ①	Lesson1まとめ②		P1 L20		
4/22	水	身体測定					Vintage (No.1360〜1407)	
4/23	木		演習(L/R)	演習(L/R)		予備		
4/24	金		予備	予備	P1 L20			
4/25	土	進研記述						センター2010(本)
4/26	日	進研記述						
4/27	月		Lesson1まとめ②	Lesson2通し読み	予備			週末課題提出
4/28	火		Lesson2通し読み	Lesson2①		A for C 4		
4/29	水	昭和の日						
4/30	木		Lesson2①	Lesson2②	システム英作文 L1①			
5/1	金	内科検診(13:30〜)	Lesson2②	Lesson2③	A for C 4			
5/2	土							
5/3	日	憲法記念日						①Vintage (No.1408〜1466) ②センター2009(本)
5/4	月	みどりの日						
5/5	火	こどもの日						
5/6	水	振替休日						
5/7	木		Lesson2③	Lesson2まとめ①	システム英作文 L1②			GW センター2009 提出
5/8	金	PTA総会	演習(L/R)	演習(L/R)	システム英作文 L1①			
5/9	土	全統マーク						
5/10	日	全統マーク						Vintage (No.1467〜1498)
5/11	月	考査発表	Lesson2まとめ①	Lesson2まとめ②	システム英作文 L1②			週末課題・GW Vintage提出
5/12	火		Lesson2まとめ②	予備		予備		
5/13	水	歯科検診(13:30〜)						
5/14	木		予備	予備		予備		
5/15	金		予備	予備	予備			
5/16	土							
5/17	日							
5/18	月	中間考査①						①PUノート5ページ以上 ②Element予習ノートL1・2 ③VisionワークAceL18〜20(答え合わせして)
5/19	火	中間考査②						
5/20	水	中間考査③						
5/21	木	中間考査④						
5/22	金	全校朝礼①	テスト返し・誤答処理	テスト返し・誤答処理	テスト返し・誤答処理			
5/23	土							Vintage (No.1499〜1526)
5/24	日							
5/25	月		実技テスト	実技テスト	ディベート①			週末課題提出
5/26	火		Lesson 3 通し読み	Lesson 3 通し読み		テスト返し・誤答処理		
5/27	水	避難訓練/生徒総会					Vintage (No.1499〜1526)	
5/28	木		コミュ英&英表再テスト	コミュ英&英表再テスト		実技テスト		
5/29	金		Lesson 3 ①	Lesson 3 ①	実技テスト			
5/30	土	駿台(希望者)						ユメタン(赤)(1〜100)
5/31	日							

中間考査後のコミュ英&英表誤答処理ノートは、授業担当の先生の指示に従って提出すること。

❷ 学びを共有する「先進地視察・研修レポート」

先進地視察や校内研修等で学んだことを簡潔にまとめます（学びの蓄積）。

先進地視察・研修レポート

作成者　上山晋平

研修名	第●回　校内研修会		
日　時	平成●年●月●日（●）		
会場・学校名	●年●組	授業者	●●　先生
所　感	①授業参観をさせていただき本当に良かったと思う有益な1時間でした（生徒もそう思っていると思う）。 ②今までの自分にない視点を得られました（「おもしろい発表」「数度のペア替え」「要点指導」等）。		
研修内容	●●先生の授業参観を通して学んだことを，以下の10点にまとめてみます。 （1）「授業運営が効率的」である　【テンポが良い】 ●授業開始後ペアでのカウントダウン活動（ウォームアップ）している間に，教師は出欠確認。 ●生徒が音読練習中に「CDの頭出し」をしたり「キーワードを板書」したりする。 （2）「板書」が上手い（私はつい省略してしまう場面も先生は素早く板書）【ペースがそろう】 ●カウントダウン活動で「1000―70―70―70…300」↓　（300がゴールとわかりやる気になる） ●ユメタンをするときにページ数をp.26―35と板書（開いていなかった生徒も遅れない）。 （3）各活動で終わりまでの「見通し」を示している　【途中で切られる感じがない】 ●活動前に「1分」の指示，活動中に「50，40…」「あと10秒」など（ゴールまでの見通し） （4）各活動が「段階的にレベルアップ」するよう仕組んでいる　【意義がある活動配列】 ●音読：リピート→ペア交代音読→shadowing→日本語聞き英語言う→最初の2語を聞き英語言う→ 　　→ペアを替えて同じ活動→パラグラフの要約（文字あり）→リテリング（文字なしで画像だけ） （5）ペアを短時間で何度も替えている　【同じ活動でもリフレッシュ効果】 ●counterclockwiseの一言で，2列の生徒が1つずつ席をずれる。1 more rotationでさらにずれる。 （6）「パラグラフ要約」の技術指導をされている　【学力向上】 ●教師がキーワードを板書するだけでなく，予習サブノートにメモさせ，なぜそれが大事か指導。 　（例）above all（とりわけ）など。生徒は，英文を軽重をつけて読む技術を身につけられる。 （7）ペア活動だけでなく「グループ活動」を採り入れている　【楽しさ・発表機会アップ】 ●3人または4人でグループ発表をする→楽しいし，伝える相手ができ，発表の責任感が増す。 ●人前で発表する機会を同時に多くの生徒に持たせることができる（発表機会の充実）。 （8）発表を「おもしろおかしくする」発想がある　【楽しい】 ●「給料が上がったら皆さんにそれなりに，給料が下がったら皆さんにそれなりに…」（笑） ●「発表にはジョークをいれながら」「おもしろおかしくやるんだ」(例) He is much older than I. （9）「繰り返し指導（復習）」を採り入れている　【学力向上】 ●予習サブノートの「文法のまとめ」をペア音読する（生徒によるとけっこう復習しているとのこと）。 （10）「テンポ」が良い　【心地良い】 ●授業開始→カウントダウン→ユメタン→word counter→予習サブノート→教科書単語　どんどん進む □【さらなる改善に向けた少しの気づき】 （1）word counterなどの「話す活動」は立って行う→それだけでも生徒の集中力と活発さがアップ。 （2）授業のゴール（本時ではガイドができる）や各活動の目的を伝える→生徒はより主体的になる。 　「何のため」かわかると質が高まる。ただし，●●先生の授業では言わなくても生徒はわかっていた。 （3）「学んだことを語れる」（リテリング）から，それを使って「ディスカッション」できる段階へ。		

5つの視点で進める生徒との関係づくり

　アクティブ・ラーニング型の授業づくりを進めるには，生徒との関係づくりが重要です。授業中にペアワークやグループワークで他者と積極的にかかわり，学んだことを人に向かって発表し，コメントをしあって学び合う，という関係をつくるには，その前提として生徒と教師，生徒同士の良好な関係がないとうまく機能しません。生徒との関係をつくるには，どのようなことに配慮したら良いのでしょうか。

1 関係づくりは生徒の名前や特徴を覚えることから

　相手の名前を覚えることは人間関係づくりの第一歩であり，個人指名など授業を円滑に行う意味でも大切です。覚えるには，①座席表に名前を書き込む，② Name カード（p.36参照）の裏に部活や趣味を書き込む，③クラス写真を入手して覚える，などがあります。これらの情報を何度も繰り返し覚えて，授業で確認しながら1週間で覚えることを目指しましょう。

2 授業開き（1時間目）は全力で（❶参照）

　授業開きは，生徒にとって教科との「第一印象」が決まる重要な機会です。人間同士でも第一印象を払拭するには多くの時間が必要と言われます。第1回目の授業で「おもしろそう」「楽しみだ」という気持ちになってもらえるよう，全力で準備を行います。

3 生徒の needs と wants をつかむアンケート（❷参照）

　人と良い関係を築くには，「相手が大切にしているものを大切にする」意識が重要です。それには直接尋ねる，アンケートを利用するなどの方法があります。授業1時間目にアンケートで生徒の思いを把握したり，学期末に授業内容についての感想や要望を書いてもらったりします。また，何か新しい取り組みをしたときには，白紙に一言感想を書いてもらうのも良いでしょう。相手の気持ちを知り，授業をともにつくる意識を醸成することにも有効です。

4 生徒一人ひとりとの関係をつくる

　生徒との1対1の良い関係をつくるには，授業以外でも趣味や部活の話をしたり，勉強の相談に乗るなどがあります。教室での言葉かけも「脅しでなく励まし」を意識します。

5 授業で生徒の目が輝くとき（アンケート）（❸参照）

　授業を通して生徒の目が輝いてほしい，という気持ちは多くの先生に共通する考えでしょう。生徒は，授業を通してどんなときに目が輝くと考えているのでしょうか。

❶ 第一印象を決める「授業開き」

　中学でも高校でも「授業開き」(第1回目の授業) は大切で，私はそのねらいを「授業が終わったときに『おもしろそう』『楽しみ』と思ってもらうこと」に設定しています。次のような流れで行うと，毎回授業は盛り上がり，生徒は期待感を持ってくれているようです。

■1 入室・号令
□笑顔で　□教室全体を見る（生徒は興味を持って「どんな先生か」と見ている）

■2 号令（の練習）
Hello, everyone. We are going to study English together. Now, let's practice greeting in English. （後で自己紹介クイズをするために，最初に教師の名前を言わない）
Stand up. Good afternoon, everyone.（生徒：Good afternoon ）
□Good afternoon の発音練習。「グッドアフタヌーン」でなく「グラフタヌーン」のイメージ。
　（たったこれだけで発音が変わるので，生徒はびっくりする。つかみの指導技術）

■3 使用教科書の確認
□手で持ち上げ，教科書，ワークブック，参考書等を見せて英語で名前の確認をする。

■4 ペア・グループになる練習
Let's practice making pairs. When I say, "Please make pairs.", please put your desk together like this.（机をつけるジェスチャー）
□1回目は，慣れていないと，全員が机をそろえるのに15秒くらいかかる（遅い）。
□「15sec→3sec」と板書する（次は3秒を目指す）。
□2回目は必ず早くなる。ほめながら行動を定着させる。
□グループのつくり方も同様に練習する（5秒を目指す）。

■5 Introduction Quiz
①(ペアで1枚) 教師の自己紹介クイズを配布（2人で解答を予測して丸付けする）。
　□BGMを流して雰囲気づくり（生徒心理：「先生やるな」「おもしろそう」）
②答え合わせ
　□1問ずつ雰囲気をつくる　□途中でポイント確認　□教師の昔の写真を活用
③合計得点の確認
　□全員起立してカウントアップ　□自分の得点で2人とも座る（最後に残れば優勝）。

□優勝チームには外国コインなどのプレゼント（「外国の硬貨を財布に入れると金運が上がるらしい」と言いながら）

6 落としどころ（解説）：授業で大切にしてほしいことやルール

□英語授業は今のように，「ペアで協力したり」「英語を使って話をしたり」「積極的に自分が動いて」進む。実はこれらを体験してもらうためのクイズだった。
□「活動が先。説明は後」の法則（埼玉の瀧沢広人先生から学んだ言葉）
　アクティビティの後で，意味はこうだったという解説をすると生徒は納得しやすい。
□「静」（個人思考）と「動」（活動，意見の共有）の両方の活動を大切にしようという話。

7 英語学習の意義を考える

①板書：英語は（　　　　　　　　　）のため
②ペアで30秒で考える。
③数人当てて答える。　回答例）海外旅行，映画，将来，コミュニケーション
④教師の考え：「英語は（　世界平和　）のため」
　□自作世界平和スキットを行う。教室から1人ノリが良さそうな男子に協力してもらう。
　□このスキットを見ると多くの生徒は「英語は世界平和」という考えに納得する。
　□外国語学習を通して行き着くところは，「言葉の壁，文化の壁を越えて互いにわかりあう（分かちあう）」ところに求められる（山口の金田道和先生からの学び）。
　□「世界平和の第一歩は，偶然隣に座った人と仲良くできること」の話
　□GIVE ＆ GIVE や「返報の法則」の話（与えたものが返ってくる，良い影響を与え合おう）
　□「ありがとう」で脳は3秒間快感状態になる。Thank you. はある意味世界共通語。
　　人に happy をあげることにつながる（自分も happy になれる）。
　　人が何かをしてくれたときには Thank you.（ありがとうが増えると授業が変わる）

8 Name カードづくり（5〜10分）

　□名刺大の型紙で準備したネームカードを作る（裏にはマグネットを貼る）。p.36参照。

9 教科書・予習・復習・評価・進度・次回の連絡

　帰りに，クイズの優秀者に外国コイン（など）の贈呈。
□Thank you. が出るとすぐにほめる（今後 Thank you. が出やすくなる）。

Introduction Quiz(自己紹介クイズ)　＊埼玉の瀧沢広人先生の実践を参考に作成

Introduction Quiz　　Name (　　　　　　　) (　　　　　　　　)

Hello, everyone!

(1) What is his name? (上山晋平)	(6) What food does Mr. Kamiyama like?
a) Ueyama Shimpei. b) Kamiyama Shimpei. c) Kamisan Shimpei. d) Jousan Shimpei.	a) Curry and Rice. b) Miso soup. c) Ramen. d) Karaage.
(2) When is Mr. Kamiyama's birthday?	(7) What was Mr. Kamiyama's dream?
a) April 6th. b) April 16th. c) April 26th. d) December 31st.	a) A teacher.　(↑when he was an elementary student) b) A baseball player. c) A tour conductor. d) A diplomat. (Gaiko-kan)
(3) How old is Mr. Kamiyama?	(8) What does Mr. Kamiyama do in his free time?
a) 28 years old. b) 34 years old. c) 38 years old. d) 44 years old.	a) Fishing. b) Traveling. c) Reading books. d) Playing video games.
(4) Where does Mr. Kamiyama live?	(9) How many foreign countries has he visited?
a) Seto. b) Zao. c) Kasuga. d) Miyuki.	a) 0. b) 6. c) 10. d) 14.
(5) What sport did Mr. Kamiyama play?	(10) Where does Mr. Kamiyama want to go?
a) Soccer.　(↑when he was a JHS student) b) Baseball. c) Basketball. d) Volleyball.	a) Australia. b) France. c) China. d) Egypt.

Let's enjoy English together!

／10

❷ 授業が変わる「授業アンケート」

授業アンケートを授業改善に活用する基本的な流れ（中嶋洋一先生から教わった方法）。

①授業のテーマ・目標を決める。②その目標が到達できたか尋ねるアンケート項目を決める。
③学期始めに生徒に項目を先に示す。④授業を実施する。⑤学期末などにアンケートを実施する。
⑥結果を集計する。⑦生徒に公表する。⑧改善点を忘れないように自分の机などに置いておく。
⑨取り組んだら二重線で消す。⑩次のアンケートで前回の結果が活かされたか生徒に再度問う。

平成●年度●年●学期　英語授業改善アンケート

皆さん、●学期の英語授業、お疲れ様でした。いよいよ勝負の夏休み（＝天王山）を迎えますね。
英語の授業ではこれまで、「入試力と運用力と人間力」の育成を目指した取り組みをしてきました。
そこで、来学期以降の授業の充実のために、次の「英語授業改善アンケート」へのご協力をお願いします。

（1）1レッスンの英文を一気に読む「本文通し読み」の取り組み
　■取り組みのねらい：
　　レッスンの1時間目にレッスン全体を通して読むことで「長文を読む力」と「精神力」を鍛え、
　　さらに、本文を活用した入試問題を解くことで、入試力（主に二次力）を育成する。

　1　よかった　　2　どちらかと言えばよかった　　3　どちらかと言えばよくなかった　　4　全然よくなかった

　【（1）の理由やさらなる改善案をできるだけ詳細に】

（2）2分間ディスカッションの取り組み
　■取り組みのねらい：
　　授業で内容（Biomimicry や mines）を学ぶだけでなく、授業の最初や最後に学んだことを使って即興
　　的に対話する機会を取り入れることで、「即興的な対話力」を伸ばす。

　1　よかった　　2　どちらかと言えばよかった　　3　どちらかと言えばよくなかった　　4　全然よくなかった

　【（1）の理由やさらなる改善案】

（3）授業がさらに良くなるように、先生へエールをお願いします！
　授業で支持できる部分・良かった部分・続けてほしい部分・印象に残っている授業などを教えてください。

（4）授業がさらに良くなるように、
　　授業の進め方や内容などについて、率直にアドバイスや要望を書いてください。

（5）今後の英語学習に向けてあなたからのメッセージや抱負を書いてください。

アンケートへのご協力、ありがとうございました。貴重な回答を、今後に活かしていきます。

❸ クラス全員の目が輝く授業に役立つ「生徒アンケート」

「英語の学習をしていて『自分の目が輝くとき』はどんなときですか？」という項目で，高校1年生に自由記述式（複数回答可）で答えてもらいました。「長文が読めた」「習った表現が日常生活で出てきた」「洋楽」など「習ったことを使えたときに目が輝く」という回答が多いことがわかりました。達成感を感じる授業づくりを考えるのに有効です（①〜⑪順不同）。

① 長文・解釈
- 前まで意味不明だった長文がわかるようになってきたとき（英検の長文など）
- 難しい英文を前にして辞書，参考書，今までの知識を使ってその文が理解できたとき

② 単語・表現
- 自分が覚えた単語が長文に出てきたとき　●今まで読めなかった単語が読めたとき
- 日常的な表現を覚えたとき，またそういう表現を実際に使えたとき

③ 洋楽・洋画・日常生活
- 洋楽を聴いたり海外のドラマを見たりして英語がわかったとき
- 普段勉強していた単語などが洋楽，店の看板，テストなどに出てきて理解できたとき
- 洋楽を聴いて出てきた単語を覚えていて，授業にその単語が出て自分が理解できたとき

④ 英語ノート（家庭学習ノート「パワーアップノート」）
- 英語ノートが1冊終わったとき　●自分がまとめたノートを見るとき

⑤ 英作文
- 自分が作った英作文を他人に理解してもらったとき　●英作文がスラスラ書けたとき

⑥ 疑問解決
- 疑問に思っていたことが授業中に解決したとき　●「少しわかったかも」と思えたとき

⑦ 実技テスト（スピーキング）・テスト
- 実技テストがうまくいったとき　●得意な問題がテストに出たとき

⑧ リスニング
- リスニングで内容がちゃんと聞き取れたとき　●リスニングテストが満点だったとき

⑨ コミュニケーション・会話
- みんなでコミュニケーションをとって楽しいとき
- 英語で会話して自分の思いが伝わったとき　● ALT としゃべったとき

⑩ 音読
- 音読や長文で理解できる範囲を読んでいるとき　●プリントを見ながら音読するとき

⑪ その他
- 一番になったとき　●友達の美しい発音を聞いてすごいなぁと思うとき

3 アクティブ・ラーニング型授業を支える教材・教具づくり

　生徒がアクティブに学ぶ英語授業づくりに役立つ教材・教具で，取り入れやすいものをご紹介します（他にも，ICT 機器としてパソコンや iPad，プロジェクター等があります）。

(1) 授業で大活躍する！　Name カード 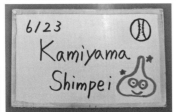	厚紙を名刺大に切り，裏にマグネットを貼る。表に「名前」「生徒番号」「マイキャラクター（イラスト）」「マイカラー（蛍光ペンで縁塗り）」を書く（描く）。用途は，「ランダム指名」「黒板に発表順や解答者を示す」「席替えに使う」「授業中の課題の進捗度を示す」など実に多様である。
(2) 1人1つ！　ストップウォッチ 	百均で購入する。主には，音読スピードの計測に使う。1人に1つもしくは，2人に1つ準備する。ヒモの部分を切り取ると持ち運びにかさばらない。使用後は0:00に合わせ，アラームを解除してから返却してもらうと保管しやすくなる。
(3) 軽くて視認性の良いもの！　タイマー 	授業でタイマーは必需品。生徒からタイムが見えるものが役立つ。左は molten という会社のタイマー（UD0010）で，軽くて視認性が良く，気に入っている（約16000円）。スズキスクールタイマーはもう少し値段も安く（約6000円），コンパクトなサイズ。
(4) iPod ＆スピーカー 	英語の授業は教科書 CD やリスニング CD，BGM など多くの音を利用する。いったんパソコンに入れておくと効率よく再生でき，持ち運びも軽くて楽。スピーカーは SONY の SRS－X2 や，BOSE のサウンドリンクミニ Bluetooth スピーカー II はコンパクトで大きな音が出る。

　他にも，「デジカメ」（や IC レコーダー）があれば，生徒の授業での様子やパフォーマンステストの様子を撮影できます。運動部での部活指導と同様，生徒は自分のパフォーマンスの様子を自分で見る（聞く）と大きな気づきを得られます。また，本人の許可を得て後輩にモデルとして見せる（聞かせる）ことにも使えます。

安心・安全・挑戦を促す学習環境づくり

アクティブ・ラーニング型授業を成功させるには,「安心・安全」な学習環境が大切です（しらけた学習環境では人前での発表などへの挑戦心は芽生えません）。

① 授業ルールづくり

1 授業ルールの例

　コミュニケーションを図りながら進める英語授業においては,生徒と教師がともに大切にする共通の「ルール」（約束事・標語のようなもの）が役立ちます。例を挙げます。

- Help each other.（英語の授業はペアワークで進むことが多い。お互い協力しよう）
- Learn from your friends.（お互いから学ぼう）
- Learn a lot and use a lot.（たくさん学んでたくさん使おう）
- Express your ideas.（人と異なる意見を大切にしてどんどん出し合おう）
- Think creatively.（創造的に想像しよう。考えよう。社会では革新が求められる）
- Don't worry about small mistakes.（小さなミスを恐れず使おう。それが伸びるコツ）

　広島の胡子美由紀先生は「コミュニケーション活動における10 rules」を提唱しています。

1	Keep smiling	笑顔はみんなをつないでくれる。元気にしてくれる。
2	English only	英語をたくさん使おう。
3	Eye-contact	心を開いていることを示すには,まず相手と目を合わせよう。
4	Pronunciation	英語を話せる（口の）筋肉をつくろう。
5	Compliment	クラスメイトの良いところを見つけてほめよう。
6	High Five	手と手を合わせて気持ちをつなごう。うれしいときは全身で喜びを。
7	Action	自分から行動を起こそう。授業以外でも global に発信していこう。
8	Reaction	聴いているという意思表示をしよう。
9	Gesture	言葉で伝えられないときは身振り・手振りを使い,思いを伝えよう。
10	Energy	テンション高くパワー全開でいこう。

　胡子先生は,上記10のルールの頭文字をつなげ,10 rules "KEEP CHARGE!" と呼んでいます。詳しくは,『英語授業ルール＆活動アイデア35』（明治図書）をご覧ください。

2 ポイント

- 4月の授業開きの1時間目（もしくは2時間目）に導入する（持ち上がり学年でも）。
- カード化するなどして,活動前に確認して何度も定着を図る。

❷ 一斉・ペア・グループワークのメリット・デメリット

■ 各学習形態のメリット・デメリット

　授業では，目的に合わせて「一斉」「ペア」「グループ」など様々な学習形態を用います。それらはどのように使い分けたら良いでしょうか。それぞれのメリットやデメリットを知っておくと，目的に合った形態が選択しやすくなり，同時にその形態における指導上の留意点を知ることができます。簡潔にまとめてみます。

学習形態	メリット	デメリット
一斉	□同じことを短時間で伝達しやすい □活動をコントロールしやすい	□受け身になりやすい（聞くだけ） □発話量が少ない
ペア	□活動（発話）量が増えやすい □話しやすい（相手が近くにいるため）	□生徒の発話が適切かどうかは不明 □別の話をしやすい
グループ	□多様な意見・情報が出やすい □楽しい雰囲気になりやすい	□何もしない人が出やすい □騒々しくなりやすい

■ 指導の手順

①「授業開きの日」など，できるだけ初期の段階で各形態を練習する（p.31参照）。
　例）一斉授業からペアやグループに席を動かすことが短時間でできるように練習する。
　　●一斉の座席からペアの座席に「3秒以内」にできるよう練習
　　●一斉からグループに「5秒以内」にできるよう練習
②授業で随時，目的・内容に合わせて活用する。簡単に活動ごとにペア変えする方法もある。
　　●2列をセットとして，その中で1つずつ席をずれる（時計まわり，半時計回り）。
　　●教室のある列とある列をそっくりそのまま席替えする。
　　● Name カードを取ってもらって，引いたカードの人が座っている席に着く。

■ ポイント

①隣の人と席を離す状況を認めない。
　自分が気に入らない生徒と席を離す状況を見逃さない。席を移動させたら，必要に応じて「隣の席とついていますか？」「席の隙間は心の隙間です」と話をする。
②グループワークでもルールが必要ならば設ける。例を挙げる。
　●みんなが意見を出して貢献する　●「楽しかった」「良かった」と言える内容にする
　●教科学習の話をする　●深い学び・対話的な学び・主体的な学びを目指す

❸ グループワークの良さを実感できる「月からの脱出」ゲーム

■1 生徒にALの意義を説明する

授業をAL型に変えようと思う場合は，生徒に背景や趣旨説明をすることが大切です。進む方向のベクトルを共有するためです。次の2つが大切です。

AL型授業が必要とされる背景	p.14～に書いてあることや社会学などの書籍を読んで，生徒（や保護者）にわかりやすく（多少単純化して）背景を説明する。「学力の三要素」（p.13参照）も，今後どのような力が求められるのかを伝えるのに有効。
人との協働（グループワークなど）の良さ	「月からの脱出」（NASAゲームの1つ）：「1人で考えるだけよりも皆で話し合うのが効果的」なことを楽しく実感できる。その後，「こういう授業を今後やっていきますね」と伝える。

私が「月からの脱出」というゲームを知ったのは，小林昭文先生の『アクティブラーニング入門』がきっかけでした。調べてみると，いろいろなバージョンがあり，社員研修等でもよく活用されているようです。多くの資料を参照し，自分なりに実践してみた結果をご報告します。

■2 実際のやり方

所要時間は，約20分（再テストの後に時間があったので，その時間を利用）。やり方は大きくわけると次のようになります（詳細は指導者用の指導の流れを参照ください）。

①ルールの説明
　生徒用ワークシート（p.40参照）と「指導の流れ」（p.41参照）をもとに説明する。
②（順位づけ）個人作業（3～5分間）
　まずは生徒が個人で順位をつける。グループワークの前にこの時間をきちんと保証する。予定配当時間は3分だが，生徒の様子を観察して必要ならば5分間程度は確保する。
③グループ討議（10～15分間）
　各自が考えた順位をお互いに発表してグループとしての順位を決定する。
　生徒はルールに基づいて全員でやり取りしながら順位を決める過程で多くを学ぶ。
④答え合わせ
　NASAの専門家が作ったと言われている解答を配布する（p.42参照）。
⑤得点算出
　NASAの回答と自分（とチーム）の回答の誤差（失点）を計算する。低い失点ほど良い。
⑥感想や気づきのシェア
　この活動を通して考えたことをワークシートに書いてもらう（p.43参照）。

「月からの脱出」（生徒用ワークシート）

「月からの脱出」（NASA ゲーム）

（　　　）年（　　　）組（　　　）番　名前（　　　　　　　　　　　　　　）

◎グループでよく話し合って，みんなが納得できる結論を出しましょう。

1　最初は個人作業です。次の文を読んで状況を理解してください。

> あなたは，宇宙船に乗って月面に着陸しようとしている宇宙飛行士です。月面には母船が待っているのですが，機械が故障したため，あなたの宇宙船は母船から約300km離れた所に不時着してしまいました。着陸の衝撃で宇宙船はほとんど壊れ，使用不能です。破損を免れて残ったものは，下の15アイテムだけ。あなたの船員の生死は母船に戻れるかどうかにかかっています。陽の当たっている月面上で約300km離れた母船まで安全に旅するために，最も重要な品目を，重要度の高い順に1番から15番までの順位を付けてください。（一番重要なものが1番です。）

2　順位付けをします。重要度が高いと思う順に1～15を「あなたの順位」欄に記入してください。

	あなたの順位	グループメンバー（以下にメンバーの名前を記入）					グループの順位
マッチの入った箱							
宇宙食							
ナイロン製ロープ（15m）							
パラシュート用の絹布							
ソーラー発電の携帯用暖房器							
45口径ピストル（2丁）							
粉ミルク（1箱）							
酸素ボンベ45kg（2本）							
月面用の星座表							
自動でふくらむ救命ボート							
方位磁石							
水（20リットル）							
信号用照明弾							
注射器入りの救急箱							
ソーラー発電式FM送受信機							

3　それぞれの考えを持ち寄り，グループワークを通して「グループの順位」を決定します。

①上の表にメンバー全員の名前を記入します。②1人ずつ自分の考える順位を報告し表に記入します。

③グループで話し合って，グループとしての結論を決め，「グループの順位」を決定しましょう。

4

「月からの脱出」（指導者用の「指導の流れ」）

NASA ゲーム：コンセンサス（合意形成）ゲーム　【指導の流れ】

1　コンセンサスゲームのメリットについて

準備や実施が楽で，グループでのコミュニケーションの大切さに気付かせることができる。
メリット：「グループで考える良さの理解」「合意形成の難しさの体感」「合意形成するスキル」
また，企業スキルとしての「重要順を考える」「他の活用法を考える」「不必要なものを捨てる」もある。

2　ゲームの流れ

（1）ルールの説明 【3～5分間】	①プリントを配布し，すぐにゲームの設定（プリントの1）を読み上げる。 ②「他の人と話さず，3分間で優先順位をつけてください。適当につけず，よく考えてくださいね。」
（2）グループ討議 【10～15分間】	①グループの順位をつける。 ②「まずは，2の表にグループメンバーの名前を書いてください。」 ③「グループで討議をして，グループの結論を出してください。そのときのルールがあります。 　ア）多数決やじゃんけんをしてはいけません。イ）誰かが1人で仕切ったり，黙っている人を放っておいたりしてもいけません。ウ）必ず全員で，これが一番，これが二番と決めてください。では，どうぞ。」 ＊この後に時間があれば，全体に対して「グループごとの発表」（優先順位とその理由）をさせても良い。
（3）解答提示	①「NASAの専門家が作ったと言われている解答」を配布する。（別紙） ②採点の仕方を説明する。 　ア）各項目について，「NASAの順位」から「あなたの順位」を引きます。 　　例えばNASAの回答が「15」位であなたの回答が「12」位の場合，失点は「15－12＝3」で3点となります。失点には＋－を問わず「絶対値」で記入します。 　イ）失点は，あなたとNASAの「重要性の違い」の大きさを示しています。 　ウ）個人で出した結論とグループの結論を比較してください。 　　失点が低ければ低いほど良いのです。 ＊ちなみに，次のような評価もあるので，紹介してもよい。 　0～25 WELCOME TO NASA!!　26～32 優秀　33～45 良　46～55 平均　56～70 可
（4）気づき	①「個人の点数よりグループの点数が上がった人，手を挙げてください。」 　（毎回，8～9割の手が上がり，「お～」となる。） ②「1人で考えるよりみんなで話し合った方が正解に近づくということです。だから，授業でも授業外でも，グループでたくさん話し合ってくださいね。」 【ただし】「個人の点数よりもグループの点数が下がったところがあれば…（サポート言）原因は2つかと思います。1つは自分が良いアイデアを持っていたけれど言えなかった，もしくは，言ったけれど，他の人が聞き逃してしまったかです。今後は，チームへの貢献のために，どんな意見も恥ずかしがらずにしっかり伝えて，それをよく聴いて検討してくださいね。」 ③グループワークの感想や気づきを書かせる（ワークシートの4）。

（参考）小林昭文(2015)『アクティブラーニング入門』

「月からの脱出」(生徒用解答・得点の計算のやり方)

NASA ゲームの解答　(NASA 専門家の解答)

品名	NASA の順位	NASA の理由 (とされるもの)
マッチの入った箱	15 位	月には酸素がないので使えない。
宇宙食	4 位	生きるために必要。
ナイロン製ロープ (15m)	6 位	負傷者を運んだり、悪路や崖を進んだりするのに役立つ。
パラシュート用の絹布	8 位	日除けに役立つ。テント代わりや機材運搬にも使える。
ソーラー発電の携帯用暖房器	13 位	陽のあたらない側でないと不必要。宇宙服は外から暖房不要。
45 口径ピストル (2 丁)	11 位	発射の反動で少し前進できるかもしれない。統制にも？
粉ミルク (1 箱)	12 位	宇宙食と重複し、宇宙食よりかさばる。月面では飛散する。
酸素ボンベ 45kg (2 本)	1 位	生存に一番必要。重さは地球の 6 分の 1 で考慮しなくてよい。
月面用の星座表	3 位	現在地を確認し、進行方向を定めるのに必要。星座は、月面でも地球とほとんど同じように見える。
自動でふくらむ救命ボート	9 位	炭酸ガスボンベが推進源になるかも。機材運搬やベッドにも。
方位磁石	14 位	月面では磁気が異なるので役に立たない。
水 (20 リットル)	2 位	酸素に次いで必要。陽があたる月面では大量の水分を失う。
信号用照明弾	10 位	母船が見えたときに遭難信号を送る (合図)。
注射器入りの救急箱	7 位	ケガの治療など。宇宙服の特殊孔から薬や栄養源を注入可能。
ソーラー発電式 FM 送受信機	5 位	母船との連絡手段に使える可能性がある。ただし、FM は直進性が高く近距離でしか使えない。

(出所) 各種サイトを参考に作成

〔得点の計算方法〕

＊以下の計算方法で，「自分の得点」と「チームの得点」の両方を出してください。
　　(どちらの得点が高いでしょうか？)

(1)「NASA ゲームの解答」プリントを読んで「(NASA の) 正解順位」を記入する。
(2)「自分の結論と正解の差」と「グループの結論と正解の差」の 2 つを算出する。
　①「自分の考えた順位」から「NASA の順位」を引いて「絶対値」を出す。
　　＊絶対値とは…「＋」「－」の符号を取ったもの。例)「＋3」と「－3」の絶対値はともに 3。
　　例① 7 位－2 位＝5　　　＊絶対値は「5」
　　例② 5 位－12 位＝－7　　＊絶対値は，「7」(「－」をとったもの)
　②絶対値の合計が，自分の得点となる。
　　＊得点は小さいほど良い。(＝NASA の専門家が考えた優先順位と自分の順位の誤差が近い方が優秀)
　③同じように，「グループで考えた順位」の合計点も出す。
　　＊自分の得点と，チームの得点のどちらが高かったでしょうか。

3 実践しての気づき

①生徒は自分で理由を発見する楽しみがあるようだ。例えば、月面でマッチ箱の重要性は高いか低いか。その理由をこれまで他教科などで学んだ知識を総動員する楽しみがあるようだ。

②個人作業の時間が短いとやっつけ仕事になってしまう。できれば、5分間は取りたい。

③グループワークの時間はできれば15分くらいあった方がしっかり話ができる。残り時間が短くなると、誰か1人の声で、●位、●位、と残ったものを決めてしまいがち。

④順位決定にはある程度、知識を必要とする。鉄砲を使う相手がいるのか、鉄砲を逆方向に発射すれば自分が進む推進力になるかなど。理系生徒は考えやすいかもしれない。

⑤チームの得点よりも、個人の得点の方が高い生徒もいた。そういう生徒には「良い考えをチームに広めていってね」と伝えておくことが大切。

⑥最後に生徒に、「これをやってもらったのは、個人の得点よりも、チーム得点の方が高くなる。つまり、グループで話し合うのって効果があるんだなということを実感してほしかったのです」と言うと、生徒は満足そうな笑顔になっていた。体験から納得したのだと思う。

⑦正解との得点誤差は、赤ペンで書くよう指示をするとわかりやすくなる。

⑧得点というより誤差と言った方が伝わりやすいかもしれない（誤差が小さい方が良い）。

⑨グループごとの結果は、次のようになった（文系クラスの方が高かったのは興味深い）。

| 文系 | 24 | 32 | 34 | 38 | 38 | 40 | 42 | 平均37 |
| 理系 | 26 | 26 | 28 | 30 | 38 | 48 | 36 | 平均32 |

4 生徒の感想

- 個人よりもチームで考えた得点が良かった。感動した。3人寄れば文殊の知恵が倍になる。ピストルは反射の反動で動くのが一番びっくりした。宇宙人を倒すのかと思った。
- グループワークの大切さを改めて知りました。議論したり、一緒に考えたりするのが楽しかったです。今後の授業でもっと高め合っていけたらいいなと思います。
（個人44点→チーム34点）
- グループで「～はどう？」とか聞き合って、納得して答えを出すのが楽しかったです。今後、仕事などにも役立つと思いました。（個人36点→チーム46点で個人成績が良い）
- 自分の考えた得点の方が良かったです。もっと自分の考えを押し通す力が必要だと思いました。グループでの話し合いはとても楽しかったです。（個人46点→チーム48点）
- 生命維持の道具だと思っていたものが移動手段になったり、その逆もあったり、総合的な判断がいるんだなと思った。自分でやったときより30点以上も低くなった（良くなった）ので、人と知恵を出し合うのはすごいことだと思った。（個人60点→チーム28点）

Part3 理論編 押さえたい！アクティブ・ラーニング型授業の指導技術

1 アクティブ・ラーニングを始める10のコツ

小林昭文先生による「アクティブ・ラーニングを始める10のコツ」は参考になります。

①モデルを見よう，体験しよう。まねできるヒントをつかもう。
　〜どの「流派」でもOK。あれこれ見てみよう〜
②理論学習をしよう。社会学的，歴史的意義を重視して。
　〜役に立つのは組織開発，人材開発，学習理論など〜
③小さなチャレンジから始めよう。ちょっとやって反応を見る。
　〜「1分間，隣の人と話し合って」だけでも効果あり〜
④何かやったら生徒の反応を聞こう。できれば生徒にシェアリング。
　〜生徒の声はリフレクションのきっかけ，勇気の源，アイデアの泉〜
⑤行き詰まったら，中断の準備をしよう。失敗はつきもの。
　〜授業の途中で「やめます」と言える準備と覚悟を〜
⑥毎日できる程度の授業準備をしましょう。労力と成果のバランスを大切に。
　〜手抜きをする，生徒にやらせる，PC等を活用するなど〜
⑦一般解はどうでもいい。目の前の生徒たちにだけ役立てば充分。
　〜「この生徒たちだけのため」の工夫こそが一般解のヒント〜
⑧校内に仲間をつくろう。授業を見せ合うだけでも「大きなパワー」。
　〜2,3人からでOK。教科，学年だったらすごいこと〜
⑨校外に仲間をつくろう。校外の仲間を呼ぼう，行こう。
　〜見に行くことは支援。来てもらえば内部活性化〜
⑩教科・科目の壁，校種，地域等々の壁を乗り越えよう！
　〜壁を越えるごとに世界が広がり，アイデアが沸きます〜

（出典）河合塾編　小林・成田著（2015）『今日から始めるアクティブラーニング』（学事出版）p.35

上掲書の中で著者のお一人である成田秀夫先生は次のように述べています。「もっと積極的にアクティブラーニング型授業をしましょう。『こうでなければならない』『ああしなければならない』という型やモデルでガチガチに縛り，取り組めなくなってしまうとか，手も足も出なくなってしまうのでは意味がありません。むしろ先生方がモデルからヒントを得ながらご自身で改良しつつ採り入れていくのが自然な姿です。別の言い方をすれば，先生方もアクティブラーナーであることがポイントで，試行錯誤しながら自分のスタイルを作っていくということでしょう。手法そのものはいろいろなモデルのつまみ食いでも構わないと思っています」。

非アクティブ・ラーニング型授業から見る新しい時代の授業とは

現在求められている授業を考えるに当たって，その反対の「非・AL型授業」について考えてみました。どのような授業をイメージされるでしょうか。20ほど挙げてみます。

●一斉形式授業のみ ●学習とは個でするもので人と関わってはならない ●先生の話を聞いて板書をノートに取るのが学習である ●人の意見を聞いてはならない ●授業外で学習してはならない ●授業で復習をしてはならない ●正解は常に1つである ●知識を覚えるのが勉強である ●正解を暗記してテストで正しく再生するのが勉強である ●チョークと黒板だけで授業してそれ以外（ICTなど）は使ってはならない ●授業の目標や見通しを示してはならない ●自ら考えてはいけない ●教科内容を好きになってはいけない ●効果的な勉強法を示してはならない ●生徒と視線を合わせてはならない ●授業に規律をつくってはいけない ●授業中の雰囲気はたんたんと冷たくする ●人の失敗は責めよ ●学んだことをアウトプットしてはいけない

ここに挙げた「非・AL型授業」のみの授業を続けると，どのような人が育つでしょうか。「自分に言われたことだけを言われた通りにする」，「受け身で」で「人に依存的な」「人のことは気にしない」（旧型）ロボットと言えるような人間かもしれません。

私たちは，どのような人を育てたいのでしょうか。それはPart 1で見たように，変化の激しい社会を主体的に，協働的に課題解決して生き抜く人（アクティブ・ラーナー）です。上記の反対のような教育が求められるのだと思います。反対を考えてみます。

●一斉形式に加え，ペアやグループなど多様な学習形態をとる ●学習とは個で行うものと人と協働して行うものがある ●先生の話を聞いて板書をノートするだけが学習ではない ●人と対話をして多様な意見からも学ぶ（協働してより創造的なアイデアを出し合う） ●主体的に授業外学習も行う ●授業で復習を取り入れ使えるようにする ●正解は1つではないこともある（多様な答えや答えのない課題も多い） ●知識を活用したり関連・統合したりして深い学習にする ●正解を暗記してテストで正しく再生するだけが勉強ではない ●チョーク以外にも目的に応じてICT等を活用する ●授業の目標や見通しを示す ●自ら考えることを推奨する ●教科内容に興味を持って好きになることを目指す（好きこそものの上手なれ） ●効果的な勉強法を示す ●生徒と視線を合わす ●安心・安全・挑戦の場を保証する規律を必要に応じて設ける ●授業は温かく支持的な雰囲気である ●失敗は過度に気にしない（失敗は成功のもと） ●学びはアウトプットし表現力と定着度を高める

「アクティブ・ラーニング型英語授業10箇条」とアクティブ・ラーニング型授業指導案

英語授業での AL を,「生徒が実社会や実生活の中で,自らが課題を発見し,主体的・協働的に探究し,英語で情報や考えなどを互いに伝え合うことを目的とした学習」とすると,求められるのは,「これまでよりも高めの（単元）目標を設定し,それに向けて生徒が主体的に協働的に言語活動に取り組む中で思考を深め,実生活に役立つ資質や能力を身につける授業」と言えそうです。「アクティブ・ラーニング型英語授業10箇条」を提案します。

（1）少し高めの「（単元）目標や課題」を先に示し,目標達成に向けて継続して取り組む。
- 生徒は教師が思うより高度な言語活動をクリアできる（「できない」と思わないこと）。
- できれば教科書本文とは別の形で使う,実社会や実生活につなげた課題にする。
  例）本文に関連した新商品を企業用に考えて英語でプレゼン（ディスカッション）する。

（2）既習事項を「復習」「活用」して定着を図る。
- 知識は1回で定着しない。●復習や再話活動を行う。●授業外学習とリンクする。

（3）「伸ばしたい技能」を練習する時間を保証する。
- つけたい力を明確にし,それを育む活動を継続する（「即興で話す力をつける」など）。

（4）授業中の「静と動」の活動バランスが良い。
- 学力定着には,「動」（活動,音声練習）と「静」（思考,文字練習）の両方が大切。

（5）学習方法や内容を「自己決定」して「主体的」になっている。
- 自分で物事を選ぶことは「自律性」につながる（自己決定理論より）。

（6）目標言語である英語をたくさん使う（リテリングなども含めて）。
- 先生も生徒も「8割（9割）以上」などと決めて英語を多く使って体験して学ぶ。
- 日本語の効果的な利用場面もある（効率,注意,ほめる,笑い,趣旨説明,深める）。

（7）ペア・グループワークで対人意識を活用し活動量とともに協働性や多様性を磨く。
- 自宅で携帯電話やパソコンで1人で過ごす人も多い。●授業で人間関係を育成する。
- 自分だけでなく他の人全員が高まることを目指す（協働学習の考え方）。

（8）学びをアウトプットする「発表」「振り返り」を行う。
- 人はアウトプットが求められると主体的になる。●学びを蓄積すると深くなる。
- 憧れを見せる（スポーツ選手や先輩が英語を使う姿,留学生のパフォーマンス）。

（9）教室の雰囲気が支持的で,教室が「安心・安全・挑戦」の場である。
- しらけた雰囲気の中では挑戦できない。●励ましの声かけを続ける。
- 人が本当にやりたくなるには,注意よりもプラスの声かけ（メリットを示す）。

（10）授業が授業外とつながっている（世界や社会との関連,校外学習,授業外学習）。
- 「授業はきっかけづくり（すべてを完結しない）」「与えすぎない」（ハングリー）を意識する。

p.46でご紹介した「アクティブ・ラーニング型英語授業10箇条」をもとに作成した「AL型指導案」をご紹介します。指導案のスタイルは各地域や学校で定まっている場合もあるでしょうが，「学習形態」や（高大接続改革答申における）「学力の三要素（p.12〜13参照）」「AL型（の工夫）」などを取り入れると，授業のねらいや考え方，手法が他の先生とも共有しやすくなるかと思います。

　以下は，高校2年生の「コミュニケーション英語Ⅱ」の授業で，「地雷」に関する英文を読んで理解し，自分の意見に基づいて英語でディスカッションする授業です。

対象：高校2年生のコミュニケーション英語の授業（「地雷」に関する文章を読み，内容理解しディスカッションする）

学習活動	形態	指導上の留意事項（◇AL型）	3要素	評価規準
1　Warm-up（単語帳） ●単語帳を使ってペアで暗唱練習を行う。 ・CDの後について正しくリピートする。 ・練習後にペアで出題し合い，即時確認する。	一斉 ペア	◇授業外（家庭）学習とリンクして学習の質を高める。 ・単語帳のCDを流す。 ・注意すべき語を最後に確認する。	知・技 協働性	
2　Review（リテリング） ●既習ページを英語でリテリングする。 ・各自でリテリングの発表に向け，学習法を自己決定して準備する。（音読等） ・ペアで1人ずつ発表する（語数カウント）。 ・代表者が30秒で全体にモデル発表をする。	個別 ペア 個人	◇授業外学習とリンクして学習の質を高める。 ・学習法を自己決定する場面を取り入れ主体性を高める（自己決定理論）。 ・最後に発表があると事前に予告し，練習の本気度をより高める。	思考力 表現力 協働性	
3　学習課題の把握 ●本時のねらい（学習課題）を把握する。 To understand and discuss the following points. ①Do we need robots to eliminate mines? ②What are problems of TitanⅨ? ③What kind of robots do Afghan people want?	一斉	◇最初に「ディスカッションのポイント」を投げかけ，課題意識を持たせ，授業への姿勢を課題解決的にする。	主体性	
4　新出単語 ●新出単語の発音練習をする。 ・リピート→個人練習→ペア確認	一斉 ペア 一斉	・練習後は，即時評価・即時強化する。 ◇注意したい発音を最後にクイズ出題して注意を促す。（学習を深める）	知・技 協働性	
5　内容理解 ●リスニングによる概要把握をする。 ●リーディングによる概要・要点把握をする。 ・同じ問題を文字で取り組む（読解）。 ・7分間で演習する（静的な集中時間）。 ・ペアで不安な点について話し合う。 ・全体で答え合わせをする。	一斉 個別 個別 ペア 一斉	・授業中に演習すると主体的になる。 ・聞き取るポイントを板書する。 ◇「聞いて」理解できなかった部分（生徒「くやしい」）を「読んで」確認し達成感と有能感を得る場とする。（「見つけた！」「わかった！」）。 ・不安な点は話して解決させる。 ・読解ポイントに気づかせる。	知・技 知・技 思考力 判断力 協働性 知・技	**外国語理解** 時間内に本文を読み通し，概要や要点を正確に把握することができる。 〔本文プリント〕
6　文法・語法の確認 ●表現と構造を確認する。 ・プリントと板書のポイントを参照する。 ・重要事項で英作をする。	一斉 個別 ペア 個別	・ポイントは太字にしておく（短縮）。 ・複雑な構文は生徒が考え，発表したうえで解説する（納得度の向上）。 ・語句は作文すると理解が深まる。	知・技 表現力	
7　音読 ●ディスカッションに向けて本文を音読・暗唱する。	一斉 個別	・ディスカッションの3ポイントを再度示し，準備練習（目的）を促す。	知・技	
8　思考・議論・表現 ●3つのポイントでディスカッションする。 ・事前に関連キーワードをメモする（1分）。 ・ペアで即興対話をする（2分間ディスカッション）。 ・4人グループでディスカッションをする。 ●全体に報告する。 ・数人が討議内容を報告する。	個別 ペア グループ 個別	・現地改善には現地理解が必要なことに気づかせたい。（道徳的心情） ・大グループの前に小グループで練習すると話が続きやすい。 ◇実社会の問題解決につながる課題で生徒はより主体的になる。 ●数人から意見を聞き，議論の内容と達成度を確認する。	表現力 思考力 主体性 表現力	**関・意・態** 学んだことに自分の考えを加えて，詳しく話そうとしている。〔観察〕
9　まとめ ●振り返りをする。 ・「気づき」「学び」「達成」「次への課題」などをReflection Sheetに各自がメモする。 ●授業外との関連を知る（文献等）。 ●次時への見通しを持つ（課題や内容等）。	一斉	◇関連文献やwebsiteの紹介をする（授業はきっかけづくり）を意識して授業外とのリンクを図る。 ・課題を伝える（議論での学びや自己の考えを英作文してくる）。 ・次時へのリテリング練習を促す。	主体性	

主体的・協働的な授業を実現する6つの技

ここでは，授業をAL型（主体的・協働的）にする，ごく簡単なtipsをご紹介します。次のような手法を取り入れることで，生徒はより主体的に授業に臨むようになります。

❶「後で説明してもらう」と先に伝えてから説明する（聞いた後にアウトプット）

すぐに話を始めるよりも，「これから5分間で●●について説明します。その後にペアになって，相手に説明してもらいます」と伝えると，生徒はより主体的に話を聞きます。

❷「問いかけ」てから説明する（需要をつくって供給する）

いきなり説明するよりも，話す前に「問いかけ」ると聞き手の集中力はアップします。例えば，「現在完了形の3つのパターンを覚えていますか。隣の人と話してください」と言って話した後に教師が説明すると生徒は納得しやすくなります。一度考え疑問意識が生じているからです。私は「説明前に問いかける」ことを，「需要をつくって供給する」と呼んでいます。

❸「問いかけ」は「個人思考」と「ペアトーク」をセットにする

❷と関連しますが，生徒に問いかけてすぐに個人を指名するだけでは他の生徒は思考しません。そこで，問いかけ+個人思考+ペアトークをセットにします。問いかけた後に1人で考える（書く）時間を取り，次にTalk with your partner.と言って隣の人と話す時間を全員に保証したうえで，最後に全体に発表してもらいます。Think-Pair&Shareという手法です。

❹ 生徒に「近寄る」

おもしろいことに，教師が教卓を離れて生徒に近づくだけでも生徒の主体性はアップします。生徒の立場になるとわかりますが，「先生が近寄って来たので集中しよう」と思うのでしょう（笑）。

❺ 活動に「自己決定」場面を入れる

人は，決められたものより自分で選択したものを好みます。例えばmy favorite sportについて話す（書く）ときは，それ1つより，my favorite sport (movie, book, person)とトピックを選択可能にします。スポーツ好きでない生徒も話しやすくなり，自分で選んだ（自己決定）ことに自己責任が生じて主体的になります。ペアなら2人で選択すると良いでしょう。

❻ ペアやグループのメンバーを替える

相手が変わるだけでも人のやる気は変わります。活動ごとに簡単に入れ替えることも可能です（p.79参照）。自己紹介して知り合う機会をつくるのも人間関係づくりに有効です。

アクティブ・ラーニング型授業での「振り返り」

　アクティブ・ラーニング型授業においては，授業における「能動的な経験」（行動・活動）と「振り返り」（省察）が大切で，その基盤には「（コルブの）経験学習サイクル」という考え方がありました（p.18参照）。振り返りは，授業の最後だけでなく，活動の後やテストなどの後，年間の最後など，多くの場面で行えます。さらに振り返りの視点も「感想」だけでなく，「学習内容」「学習態度」「学習スキル」など細かく分類することもできます。振り返りは学びの整理・蓄積という意味で社会人になっても大切です。「授業後」と「テスト後」の振り返り例を見てみましょう。

1 授業後の振り返り例

例1）　次のような質問に対して各自が到達度を評価する（1〜4など）。

活動	Did you give a good short presentation?
理解	Did your partner (group, class) understand you?
学習材料	Did you use ●● in your writing (speech)?
語彙	Did you use vocabulary from the lesson (unit)?
音読	Did you read it aloud like a storyteller?（←新潟の前田由紀恵先生の言葉）

例2）　活動での「気づき」を各自が書きためる。

- 学習で得た情報や考えについて書く（もしくは英語でライティング）。
- スキルトレーニングで見つけた自分なりの tips を書きためる。

2 テスト後の振り返り例（学習態度）

　各自が気づきをメモする Reflection Sheet を渡しておき，活動の度に記入を促す。時期をおいてそれらをまとめて皆に紹介すると全体にも役立つ。

例）「ディスカッション」における生徒の気づき例

- 相手が言ったことを反復しつつ新しいことを言うと話が続きやすい。
- 問いかけ，具体例，実体験，アイコンタクト，How about you?　日常会話から入ると良い。

「深い学び」を目指すアクティブ・ラーニング

アクティブ・ラーニングで注意したいことは，表面上（現象面）アクティブなだけでは満足しない，ということです。「活動あって学びなし」「やりっぱなし」の状態に注意します。

- ペアやグループワークをしているが，記憶の再生にとどまり「創造的な発話」ではない。
- ディスカッションをしているが，思いつきの話だけで「内容的な深まり」がない。
- 生徒がプレゼンなどの発表をしても「内容を深める教員の介入」がない（やりっぱなし）。
- 本やネットに載っている情報をよく吟味せずに「調べたことをそのまま発表」している。

これらの「浅い学習」の状態を避けるために，次のような工夫が効果的とされています。

（1）学習内容の**深い理解**を目指す（「深い学習」「深い理解」「深い関与」）
（2）**授業外学習時間**をチェックする（予・復習，課題，理解の確認，知識とつなげる）
（3）**逆向き設計**（backward design）と評価
（求める学習成果の設定→評価方法・根拠の設定→授業・学習の進め方を計画）
＊（1）～（3）の他にも，「**反転授業**」や「**学習環境の整備**」も提案されている。　　（太字は引用者）

（出典）溝上慎一（2014）『アクティブラーニングと教授学習パラダイムの転換』p.103

簡単に言うと，活動の形態に焦点を当てた「単なるアクティブ・ラーニング」だけでなく，学びの質も伴った「ディープ・アクティブ・ラーニング」を目指すということです。

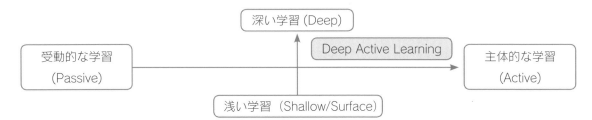

（出典）国立教育政策研究所（2016）『〔国研ライブラリー〕資質・能力〔理論編〕』p.113

これまでの学習をより深くするには，その状況を「動詞」で把握するとわかりやすいです（「浅い学習」を全否定するのではなく，両者を行い「深い学習」に至ることを目指す）。

浅い学習	□丸暗記　□目的や価値の無自覚　□理解　□記述
深い学習	□知識や経験への関連付け　□原理　□根拠　□関心　□説明　□仮説設定 □別の文脈に適用　□振り返り

（出典）松下佳代（2015）『ディープ・アクティブラーニング』p.45～46より作成

「ICEモデル」に学ぶ「深い」「高度な」「主体的な」学びにするヒント

　さらに，学習を深め，生徒を主体的にするために，Sue Fostaty Young・Robert J.Wilson (2013) の「ICE モデル」を紹介します（広島県ではこの取り組みを進めています）。これは，基礎的な知識・技能（I）を学ぶだけでなく，それを他と「関連」づけ（C），「応用」（E）させることでより「深い学び」「高度な学び」「主体的な学び」を目指すというものです。

1 学習を「深く」「高度に」「主体的に」する「ICE モデル」の特徴とは

　ICE モデルには次のような特徴があります（上掲書を参考にまとめます）。

- ICE モデルの注目点は，各レベルで使われる「動詞」を明確に定めていること（下表参照）。
- ICE モデルはアクティブラーニングを加速させる学習方法である。
  （加速させるための具体的な学習方法を示す「動詞」を明確に提示している）
- I → C → E になるほど学習が深まる（表面的な学びから深い知識へ）。
- ICE の I は「アイデア」で基礎的知識のこと（日本で重視されてきたインプットのこと）。基礎的知識のアイデアを関連づけ（C），いかに次の応用（E）につなげるかが重要である。
- （評価）ICE モデルは教師が学習成果を明確に測ることに使えるツールである。
  （どのエッセイや発表に良い成績をつけるかを判断するときに直観だけに頼る必要がない）
- （学習）ICE モデルは，生徒が学習段階を認知し，作品，課題，発表に活用できる（主体的な学び）。自分がどの動詞を使っているかで認知プロセスを認識できる（メタ認知）。
- ICE モデルはシンプルで覚えやすく実用性が高い（課題や作品にすぐに適用できる）。

段階	説明	各段階で使われる動詞の例 ＊語尾は「〜する」	質問例
I (ideas) 考え・基礎知識	基本的な知識 （事実，語彙，定義等） ＊浅い学び	定義・記述・説明・明確 理解・列挙・計算・反復 等	□主な（　）を述べなさい □（　）が起こったのはいつですか □（　）を他の言葉で言い換えなさい
C (Connections) つながり	学びを，教科や他教科の既習内容，生活，経験とつなげて理解する ＊深い学び（つなげる）	応用・比較・対比・類別・組織化・分類・解釈・統合・修正・推論 等	□（　）と（　）を比較しなさい □（　）と（　）の関係を説明しなさい □自分の経験を（　）に当てはめなさい □他にどのような方法がありますか
E (Extensions) 応用・ひろがり	新しい形で使う，応用する，意味や影響を理解する ＊学びの最終段階	計画・展開・評価・既存の資料に基づいて推定・予測提案・発明・創造 等	□（　）を予測しなさい □（　）の解決策を提案しなさい □あなたの意見では（　）

（出典）Sue Fostaty Yongs・Robert J.Wilson（2013）『「主体的な学び」につなげる評価と学習方法 カナダで実践される ICE モデル』（東信堂）と『平成27 年度広島県教育資料』（p.91〜92）より作成

ICEモデルによると，授業での「内容理解」や「英語でのリテリング（説明）」は「アイデア」（I）段階に当たることになります。こう考えるとこれまでの授業の多くは「Iレベル」だったと言えるかもしれません。「つながり」（C）や「応用」（E）まで高めるには，習った状況とは異なる場面でも使える力を育成するなど「高い目標づくり」を意識することが大切です。他にも，p.51の表中の動詞を用いて「シラバス」を作ったり，「テスト」で各段階の出題をしたりするのにも活用可能です。広島県では「ICEモデルを使った授業改善」を積極的に進め，次のような授業実践事例も紹介されており，授業づくりの参考になります。

2 ICEモデルを用いた実践例

（1）中学校

段階	中学校	授業実践例（6時間扱い）
I（Ideas）考え・基礎知識	日本の文化を紹介する英文を書くことができる。	（1～2時）ALTからの「日本の文化や紹介を知りたい」というビデオ視聴（動機づけ）→モデル文を参考に紹介文作成 （3～4時）ALTから「日本で直面している課題」を知る（課題発見）→グループで助言を考え英文作成 （5時）全体で発表（アイデア共有）→内容を推敲（深化） （6時）ALTにグループ別助言→ALTから将来生徒が直面する可能性のある課題の投げかけ（新たな課題発見）
C（Connections）つながり	日本で生活するALTや身近な外国の人が，日常生活で直面している様々な問題に対して，英語でアドバイスすることができる。	
E（Extensions）応用・ひろがり	将来，ホームステイや仕事で海外で生活することになったとき，生活習慣の違いで直面する可能性のある問題に対して英語で対応できる。	

（出典）『平成27年度広島県教育資料』（p.130）より作成

（2）高等学校

段階	中学校	授業実践例（4時間扱い）
I（Ideas）考え・基礎知識	説明・論評で述べられている情報を正しく理解し，4技能を活用して表現できる。	（1時）ディベート理解（見通し），本文を読んで理解（再話活動の基） （2時）「聞いて」再話→メモを再構成して書く（4技能の統合）→別のテキストで聞いて書いて再現活動 （3時）これまでの複数テキストの情報を整理・考察し論題に対する賛否の意見を書く（情報をもとに意見表現）＊個人→グループ推敲→全体発表→意見から個別で推敲→振り返り （4時）ミニ・ディベート
C（Connections）つながり	複数の情報を比較しながら整理・考察し，自分の意見を論理的に述べることができる。	
E（Extensions）応用・ひろがり	ディベートの中で出された相手の主張との共通点や相違点を理解し，物事を多様な観点から考察することができる。	

（出典）『平成27年度広島県教育資料』（p.131）より作成

「協同学習」に学ぶ 38の授業の工夫と30の技法

アクティブ・ラーニングの実践手法は多くあり（p.25参照），その1つに「ALの最も良いモデルの1つ」とも言われる「協同学習」があります。「協同学習」から学べることは何でしょうか。

1 「協同学習」とは

杉江修治先生は『協同学習入門　基本の理解と51の工夫』や講演の中で，「協同学習」を次のように説明されています（「はじめに」の一部分と講演の内容を要約）。

- 協同学習は，グループを使った「指導の技法」ではなく，学習指導の進め方の基盤に置くべき「考え方」である。
- 協同学習は，グループダイナミクス，認知心理学などの実証科学を基盤に置き，実践の中でその効果を確かめながら作られてきた学習指導の理論である。
- さまざまな校種や文化の国々で，協同原理が教育に取り入れられているのは，発達段階や文化の違いを超え，「協同」が効果的な学びや成長の基本的原理である裏付けである。
- グループ学習が協同学習ではない。協同は仲間が共に成長することを目標とする。
- 協同学習のスタートとしては，「課題の明確化」と「振り返り」に取り組むと良い。

2 「協同学習」の授業の流れとは

一般的な「協同学習」の流れは次のようになります（上掲書p.94〜95まとめ）。

①課題明示（学習の値打ちや授業の進め方など，目的と手段の説明）
②個人思考（自分の意見を持つ，基本的に他者と相談しない，必要な生徒は個別指導）
③集団思考（グループ課題の提示，話し合いによる課題解決）
④全体交流（グループの意見を全体に出し合う，話し合い，個人の思考を練る）

この後に⑤「教師のまとめ」と⑥「本時の振り返り」が続きます。

3 「授業運営上の工夫」（資料①）と「協同学習の30技法」（資料②）

次頁からまとめを2つご紹介します。1つめは杉江先生の『協同学習入門』と講演からまとめた「授業運営上の工夫」です。2つめは『協同学習の30技法』です。「アクティブラーニング型授業の技法は協同学習だけで200以上」と言われます。英語授業では，『協同学習を取り入れた英語授業のすすめ』も参考になります。3冊とも具体例が豊富ですので原典をご参照ください。

資料①「協同学習」から学ぶ授業運営上の工夫

導入	1	【課題明示】授業はじめに本時の学習課題を明示する（授業最後に問いかける言葉と同じにする）。「～ができるようになる」「～が説明できる」という具体的な表現にする。 例）「二酸化炭素実験を通して，二酸化炭素の性質を3つ以上，仲間に説明できるようになろう」
	2	【課題明示】「学び方」「学び合いの仕方」を伸ばしたいときは，それも学習課題として示す。 例）「話し合いの前に自分の意見をつくる」「仲間の意見を評価しながら聞く」
	3	【価値】学習課題を示すときは，それを学ぶことで何が得られるか，どう役に立つかなど，「学習の値打ち」を子どもがわかるように伝える。
	4	【見通し】1時間の学習の順序と学び方を予め知らせると，自分の活動のイメージをつくれる。 例）9:00～9:10 課題理解　9:10～9:15 個人思考　9:15～9:25 グループワーク 　　9:25～9:35 全体発表　9:35～9:40　個人の考えまとめ　9:40～9:45 振り返り
	5	【道筋と予感】こうすればわかっていけるのだという道筋を加え，成功への予感を持たせる。 例）「1人で解決できない点をグループ全員がわかるように話し合う」「できた人はどう説明すれば 　　わかってもらえるか工夫する」「わからなかった人はわからない点を聞けるようにする」
	6	【新単元】新単元では，その単元の学習内容と学習のスケジュールを子どもに明示する。 例）単元構想を図やプリントで説明，最初に単元テストを見せてイメージづくり。
	7	【新単元】新単元では，学ぶ値打ちがあると感じさせる単元課題づくりとその解説を用意する。 例）生活にどう結び付くか，どんな役に立つか，最終成果を録画して来年のモデルとするなど。
	8	【困難度】学習課題は挑戦を含む，高めの期待に基づく水準（適度な困難度）で設定する。 例）子どもは挑戦を楽しいと感じる。教師がやや難しいかなと感じる程度にする。
	9	【時間】課題は細切れだけでなく，まとまりを持った，比較的時間を要するものも保障する。 例）短時間のペア（グループ）ワークだけでなく10分，20分かかる課題も含める。 　　教材の読み取りを教師の解説にせず読み取らせる（読む⇒グループで練習問題⇒問題演習，全 　　員が理解して解き方の説明ができるように話し合う，早い人は説明後に別の課題もある）。
	10	【読み取り】教科書や教師作成の資料を子どもが読み取る時間を課題に含める。 例）教えてもらう，板書を写すだけが勉強ではない。自らテキストを読み取り理解する。
展開	11	【発言】一斉授業での，教師の発問に対する回答は，仲間に向けた形で発表させる。 例）互いに高めあうため仲間に直接向かって話す。聞く方も聞く。意思表明が自然に出る。
	12	【課題意識】1時間の中の学習の各ステップでも，子どもにしっかりと課題意識を持たせる。 例）「何が書いてあるか注意しながら読みなさい」など学習上のねらいを生徒に伝える。
	13	【個人思考】グループでの話し合いに先立って，個人で考える時間を適切にとる。 例）個人思考を入れることで一人ひとりが意見を持って発言量が比較的等しくなる。
	14	【流れ】1時間の授業の流れは，「教師による課題の提示」「個別の取り組み」「グループの話し合い」「全体交流」「教師のまとめ」「振り返り」の6ステップが基本である。
	15	【全体交流】全体交流で毎回全グループの意見を出させる必要はない。代表意見を選ぶ形もある。 （同じ答えの発表が続くと流れが冗長になることもある。豊かな情報提供のため選択する形もある）
	16	【高レベル】話し合いの結果を活用し，練り上げステップを導入し，より高レベルの学習を促す。 例）発表で終わらず，「どれがベストか（吟味）」「1つにまとめよう（統合）」など。
	17	【意見は直接】学級全体の話し合いでは，子どもたちが直接意見を交わし合うスタイルを取る。 例）話し手が教師を仲介して仲間に意見を伝える形は自然ではない。仲間に向かって話す。最初の 　　生徒のみ指名し，その後は男女交互に指名しあうなど（教師は停滞や方向性の修正）。
	18	【全体交流】学級全体の交流では，「お出かけバズ（①）」，「ジグソー法（②）」，「スクランブル（③）」など，子どもの力を組み合わせ，高め合わせる多様な工夫がある。 ①4人グループで，2人が別グループに情報収集に行く。残った2人は説明係（意見をもらう）。 ②4人で4つの課題を担当。グループを解体して同じ担当者で見解共有。各自戻って報告。 ③個人思考でつくった会話文をもとに，全員が立って次々に相手を変えて会話を進める。
	19	【振り返り】授業最後には学習内容を個に返し「学びは自分が変わること・我が事」とさせる。 例）本時の課題に関する問題に取り組む。自分の言葉でまとめを書く。 　　自分がどのような考えに至ったのか，内面の変化を文章で書く。
	20	【解説】授業の終わりに教師が総括的な解説をしなくて済む授業づくりという視点が必要である。 例）教師のまとめで理解を方向付けることは有効だが，いつも教師が最後に正解を与えるパターン 　　が定着すると生徒の主体的な学びに影響が出る（必要に応じて行う）。 　　教師が望む水準に近づけるよう仕掛けをする。期待に近ければあえてまとめは必要ない。

	21	【ワークシート】自分の学びの過程と，仲間からの貢献がわかるワークシートを工夫する。 例）空欄を埋めるだけのワークシートでなく（流れが教師主導，さらに高度な学びにする）「課題」「最初の自分の考え」「グループの意見」「役立つ情報」「個人の結論」を書く。	
グループ活用	22	【グループ課題】グループでの話し合いでは，ゴールが明確に示されたグループ課題を与える。 例）「～についてグループで話し合いなさい（考えなさい）」では目的やゴールが見えない。 「この問題をグループで考えて，誰が指名されても皆の前で説明できるようにしなさい」など。	
	23	【グループ編成】グループ編成は教材や課題に応じて柔軟に編成替えをする。 例）4人，生活班，能力別グループ編成，ペアワーク，相手をずらして新しい人となど。	
	24	【異質】グループ編成は，性別も含めたさまざまな特性が異質である方が効果的である。 例）実証研究ではグループの異質性が高い（学力，性格，特性）方が効果的という結果あり。	
	25	【仲良し】グループ編成では，仲良し関係への配慮は主要条件ではない。（実態により配慮） 例）課題解決の経験を繰り返すことで，なじみのない者同士のグループが優れる研究結果もある。	
	26	【サイズ】効果的なグループサイズは4～6人である。 例）人数が増えるほど資源は増えるが貢献割合が減る。時間制限を考えると4～6人が望ましい。	
	27	【形態】学習形態は，1時間の授業の中でも，学習内容に即した最適の形に変化させる。 例）導入時と個人思考は前を向く，グループ討議はグループ隊形，全体交流はコの字型 等。	
	28	【リーダー】グループリーダーは持ち回りで担当。誰でも司会が可能なよう指示を明確にする。 例）リーダーシップは授業中に身につけられる大事な学習。グループの座席に番号をつけて「今日は1番の子が司会」としたり「日替わり」でも。不得意な生徒には他の生徒から支援がある。	
	29	【全員役割】メンバー全員で学習活動に即した役割を担当する（個人の責任は社会で重要）。 例）「司会」「発表」「記録」「連絡」「タイムキーパー」「ムードメーカー」（励まし役）	
	30	【意見集約】グループの意見を集約する場としてホワイトボード等を用いる。 例）意見をまとめる，発表に用いる（相手の理解が目的）など。プレゼン練習にもなる。	
	31	【手がかり】効果的な話し合いを進める手がかりを与える（フォーマルな話し合いには不慣れ）。 例）「話し方」（～は…です。その理由は○○です） 「司会の進め方カード」（全員の意見が出ました。よく似た意見をまとめましょう。気づいたことを右の人から1人ずつ言っていきましょう）	
	32	【時間】教師は話し合いの時間をきちんと設定し，基本的にはその時間を守る。	
	33	【介入】一旦話し合いに入ったら，教師の介入は最小限にとどめる。教師の仕事は観察が基本。 例）教師が介入すると思考の中断になる。自分たちで考える自主・自律の機会を奪わない。 個別指導での「机間指導」よりも，基本は「机間巡視」か「机間観察」とする。	
	34	【助言】グループへの助言は，深まりと拡がりを促すものに限る。グループ単位で教えない。 例）話し合いが行き詰まったときの「こういう考えの人もいる」「こちらの資料は見ているかな」というワンポイントの指摘は，生徒が自分の発見として活きる。	
	35	【手順】話し合いを効果的に進めるために，内容に応じた効果的な手順を教師が提示する。 例）「1人ずつ意見を発表してから評価し合いグループのゴールに向けてまとめる」 「作品の相互評価では口頭だけでなく付箋にコメントを書いて評価し合う」（観点は示す）	
集団	36	【規律】学級の規律は，「共に育つ」という基本原理に基づいて項目設定をする。 例）適切なルールをどうつくり，位置づけ，適用するか工夫が必要（生徒の日常生活に定着）。 話し合い（仲間を高める責任，支援に応える責任）・全体発表（仲間と高め合うため情報提供）。	
まとめ	37	【振り返り】学習単元ごとに，子ども自身が自分の学びをきちんと振り返る機会を設定する。 例）導入だけでなく「振り返り」を工夫し「学びは我が事」と意欲づける（理解度や態度）。 的確な指示がないと「頑張った」など浅い振り返りになる。「今日はどんなことを見つけたか」 「学び合いでどんないいことがあったか」書こうと，振り返りの視点を与える。	
	38	【評価】振り返りの自己評価基準を鍛えるため，教師評価や仲間との相互評価を活用する。 例）理解度を自己評価し，その後，小テストをして結果を見る。自己評価が甘いことを知る。 その時間のポイントを隣同士で交互に説明し合う与えられた評価項目で評価する。	

（出典）杉江修治『協同学習入門』（ナカニシヤ出版）と著者の講演をもとに51項目を38にまとめ事例を追記

資料② 「協同学習」の30技法

	No.	技法名	技法の概要	有用性
「話し合い」の技法	☐1	思考・ペア・シェア（ペア・5～15分）	少しの時間，個人で考える。その後，パートナーと話し合い，お互いの回答を比較する。その後，クラス全体で共有する。	クラス全体の話し合いに効果的に参加する準備となる。
	☐2	ラウンドロビン（4～6人，5～15分）	１人ずつ順番に自分の考えを話す。	ブレーンストーミングで使う。すべての生徒の参加が可能となる。
	☐3	バズグループ（4～6人，10～15分）	科目内容に関連した質問を小グループで話し合う。	短時間で多くの情報や意見を得られ，クラス全体での話し合いの準備となる。
	☐4	トーキングチップ（4～6人，10～20分）	グループの話し合いに参加し，話すごとにトークン（発言許可）を提出する。	平等な参加を確実にする。（あらかじめ同数のトークンを配布）
	☐5	三段階インタビュー（2人 or 4人，15～30分）	ペアでお互いにインタビューし，パートナーから学んだ内容を他のペアに報告する。	生徒のつながりを強め，コミュニケーションスキルを改善する。
	☐6	批判的ディベート（4～6人→その後，8～12人，1～2時間）	ある問題について，自分とは異なる立場から議論する。	批判的思考スキルを発達させ，自分の考えに疑問を持たせることができる。
「教え合い」の技法	☐7	ノートテイキング・ペア（ペア，5～15分）	パートナー同士でそれぞれがとったノートを見せ合い，より良いノートを作る。	聞き逃した情報を得て，あいまいや聞き間違えた情報を訂正する。良いノート作りをする手助けとなる。
	☐8	ラーニングセル（ペア，5～35分）	読書課題や他の課題について，自ら考えた質問をパートナーに行い，お互いに小テストをする。	授業や文献の内容について，積極的に考えて励まし合うことでより深い理解を図る。
	☐9	フィッシュボウル（内円は3～5人，15～20分話し合い，10～15分情報開示）	同心円を作り，内側の学生があるトピックについて話し合いをし，外側の学生はその話し合いを聞き，観察する。	話し合いのグループプロセスを真似たり観察したりする機会を与える。
	☐10	ロールプレイ（2～5人，15～45分）	自分と異なる人物を想定し，ある場面でその人物の役割を演じる。	「体験を通しての学び」を手助けする創造的な活動をする。
	☐11	ジグソー（4～6人で途中グループ再編，適宜）	ある話題について知識を学び，他者にその知識を教える。	ある知識を他者に教えられるまで深く学び理解する。
	☐12	テストテイキング・チーム（4～6人，時間は試験による）	グループで試験勉強をし，一人ひとりで試験を受けた後，同じグループで再度試験を受ける。	試験範囲について理解が深まり，お互いに試験を受けるコツを教え合う。グループで蓄積した知識の恩恵を受けられる。
「問題解決」の技法	☐13	タップス（ペア，30～40分）	パートナーに対して，自分の思考過程を声に出しながら問題を解決する。（TAPPS：Thinking-Aloud Pair Problem Solving）	問題解決の（結果よりも）過程を強調し，論理的誤りや過程の誤りに気付かせることができる。
	☐14	問題解決伝言ゲーム（2～4人，30～45分）	グループとして１つの問題を解決する。次に，その問題と解決案を隣のグループに送り，次々にこれを繰り返す。最後のグループが解決案を評価する。（Send-A-Problem）	効果的な問題解決や解決策を比較検討するために必要な思考スキルを仲間と練習することに役立つ。
	☐15	事例研究（3～6人，適宜）	現実世界の出来事を検討し，そこにあるジレンマの解決策を考える。（Case Study）	関連すると考えられる抽象的な原理や理論を示すことができる。
	☐16	構造化された問題解決（4～6人，1～2時間）	問題解決のための構造化されたフォーマットにしたがう。（Structured Problem Solving）	問題解決過程をいくつかの簡単なステップに分割し，学生の負担感を軽減する。同時に，体系化された手順で問題を特定・分析・解決することを学ぶ。

		技法	内容	目的
	17	☐ 分析チーム（4〜5人，15〜45分）	批判的に課題を読み，講義を聴き，ビデオ視聴する際，各自の役割と課題を担う。	批判的分析を構成している様々な活動を理解させる。
	18	☐ グループ研究（2〜5人，数時間）	より深い研究プロジェクトを計画・実施・報告する。	研究手続きを学ぶ。特定の学問領域における，より深い知識の獲得に役立つ。
	19	☐ 似たもの同士をまとめる（3〜5人，30〜45分）	アイデアを考え，共通のテーマを見つけ，アイデアを並べ替え，まとめる。	複雑な話題を解明し，その中心的要素を見つけ，分類できる。
	20	☐ グループグリッド（2〜4人，15〜45分）	ひとまとまりの情報が与えられ，カテゴリーにしたがって，グリッドの空いたセルに挿入する。	概念的なカテゴリーを明らかにし，分類スキルを育成する。
	21	☐ チームマトリックス（ペア，10〜20分）	定義に用いる重要な特徴の有無をチャートで確認して，類似した概念を区別する。	密接に関係した概念を区別できる。
	22	☐ シークエンスチェイン（2〜3人，15〜45分）	一連の出来事や行為，役割と決定を分析し，図解する。	過程，原因と結果，年代順を理解し，情報を並び替えることができる。
	23	☐ ワードウェブ（2〜4人，15〜45分）	関係したアイデアのリストを作り，それらを図解し，結びつきを示す線や矢印を書き，関係性を見出す。	関係性を図示し，提示できる。地図のように，目的地と途中にある建物や光景を読み取ることができる。
	24	☐ 交換日誌（ペア，適宜）	日誌に自分の考えを書き，ペアで交換し合ってコメントや質問を書く。	授業内容を個人生活に結びつけられる。ペアになった者同士が，授業の内容に即して思いやりをもってやり取りできる。
	25	☐ ラウンドテーブル（3〜4人，10〜20分）	与えられたテーマに対する回答や語句を短い文章で紙に書き，次の人に渡す。渡された人も同じことを行う。	非公式な形で文章作成の練習ができる。アイデアを書いて蓄積することができる。
	26	☐ ペアレポート（ペア，30〜45分）	レポート用の質問と，その質問に対する模範解答を作成する。質問をペアで交換し合い，その質問への回答を書いた後で，模範解答と比較する。	学習内容の最重要ポイントを指摘することができる。その学習内容に関する問題と回答を作成することができる。
	27	☐ ピアエディティング（ペア，2時間）	パートナーが書いた小論文やレポート，議論，研究論文などを批判的に読み，校正を加えながら論評する。	批判的に論評する力をつけることができる。パートナー同士で建設的な批判をし合うことで，成績評価される前の原稿内容を向上させることができる。
	28	☐ 協調ライティング（2〜3人，数時間）	グループでフォーマルな原稿を書き上げる。（Collaborative Writing）	より効果的に文章作成の段階を学び実践することができる。
	29	☐ チーム資料集（4人→2人→4人，数時間）	グループで批評しながら，科目に関連する課題図書用の資料集を作成する。	公式な研究論文を書くことなく研究プロセスを経験できる。
	30	☐ 論文プレゼンテーション（4〜6人，適宜）	論文を書き，その論文のプレゼンテーションを行う。グループの中から選抜された数名の学生により公式な批評を受け，グループ全体で論文に対する総合的なディスカッションを行う。	個々人が行った研究について深いディスカッションをすることができる。個々の学生に焦点を当てながら，彼／彼女の論文に対して批評することができる。

（出典）エリザベス・バークレイ他，安永悟（監訳）（2009）『協同学習の技法』（ナカニシヤ出版）（技法名は『アクティブラーニングと教授学習パラダイムの転換』による）

❾ 「CLIL」に学ぶAL型授業のヒント

続いて英語の授業づくりに直接関わる指導を CLIL から学びます。CLIL とは Content and Language Integrated Learning (「内容言語統合型学習」) のことで, 「教科科目などの内容とことばを統合した学習」です。「21世紀型グローバル社会で求められる汎用的能力を, アクティブラーニングにより育成する教育方法」とされています (池田, 2015)。

❶ CLIL の教育原理と指導技法

池田 (2015) によると, CLIL の要諦は「4つのC」で表される原理と, 「10の指導技法」に整理された教え方,「授業の流れ」による授業設計に凝縮されます。詳しく見てみましょう。

❷ 4つのCとは

4つのCとは, Content, Communication, Cognition, Culture を指しています。

■ Content (内容)	■ Communication (コミュニケーション)
教科内容 (理科や社会など)	言語知識 (単語, 文法, 発音, 談話)
トピック (地球温暖化や異文化理解など)	言語技能 (4技能)
■ Cognition (認知)	■ Culture (文化〔Community〕)
低次思考力 (暗記, 理解, 応用)	協同学習 (ペアやグループによる)
高次思考力 (分析, 評価, 創造) 重視	地球市民意識 (異文化理解及び国際理解)

❸ 10の指導技法とは

CLIL における10の指導技法とは,「4つのC」を教室での学習活動に落とし込むと同時に, CLIL の教育効果を高めるチェックリストです。

授業づくりの参考になります。

①内容と語学の両方を指導する。
②オーセンティック素材 (新聞, 雑誌, ウェブサイトなど) の使用を奨励する。
③文字だけでなく, 音声, 数字, 視覚 (図版や映像) による情報を与える。
④様々なレベルの思考力 (暗記, 理解, 応用, 分析, 評価, 創造) を活用する。
⑤タスクを多く与える。
⑥協同学習 (ペアワークやグループワーク活動) を重視する。
⑦異文化理解や国際問題の要素を入れる。
⑧内容と言語の両面での足場 (学習の手助け) を用意する。

⑨4技能をバランス良く統合して使う。

⑩学習スキルの指導を行う。

(出典)池田真(2015)「21世紀のグローバル英語教育:CLIL(内容言語統合型学習)の理念と方法」『全英連会誌』第53号

4 授業の流れとは

CLILの授業は,まとめると次のような流れになります(例は60分のもの)。

時間	指導内容	活動
5分	あいさつ,準備	授業の話題に関連する話,ゲームなど ＊内容への興味喚起,授業の期待度向上,学習焦点の明確化
5分	授業の目標と成果	授業の目標や成果を理解する
10分	復習	生徒の知識の確認,学びたい内容の確認など
5分	情報の読解	生徒が学習内容のテクストを自分で読み情報を得る ＊理解促進タスク(英問英答,要約文の空欄補充,表完成等で情報整理)
15分	情報の整理と発展	読み取った情報を比較し,整理し,提案する ＊高次思考タスク 例:分析(分類,比較,関連付け),評価(価値判断,批評,論じる),創造(考案,制作)など ＊上記の活動をペアやグループ活動を通して行う ＊学習内容と実社会や実生活との接点を見いだし,オーセンティック素材(関連する映像,統計,文書)を教材にする ＊必要に応じて短く読みやすく加工する／注釈を加える
5分	情報の確認	作成された結果を確認する
10分	結果の発表と確認	結果を発表し,互いに比較し,補足する ＊話すか,書くかによる成果物(話す例:議論した内容の報告,プレゼンテーション,ディベートなど,書く例:エッセイ,調査報告書,ポスターの作成)
5分	まとめ	学習成果の復習と次のステップの設定

(出典)笹島茂(2011)『CLIL 新しい発想の授業』をもとに池田(2015)を加えて作成

　CLILについてより詳しくは,『CLIL 新しい発想の授業』(三修社)などもご覧ください。さらに,中学校の検定教科書『COLUMBUS 21 ENGLISH COURSE』(光村図書)では,CLILの指導法を取り入れたページが各学年にあり,具体的な授業づくりをイメージする際の参考になります。このように,私たちはすでに提唱されている優れた指導法から,アクティブ・ラーニング型の指導の工夫を多く学ぶことができるのです。

10 成否のカギを握る！目標（課題）設定

AL型授業では単元を通した目標（課題）設定が大切で，「Can-doリスト」も重要な役目を果たします。実際にCan-doリストを設定すると，不安な点もありました。

- そもそも設定した目標や数値は妥当なのだろうか。
- （高校・大学）入試で共通テストを受けるが，各校の目標はバラバラで良いのだろうか。
- 目標の記述が抽象的で，指導者によって解釈が異なることもあるが良いのだろうか。

こうした考えから，県や関係者が連携して「たたき台」となるCan-doリストをまず作成し，各学校がそれを修正して活用している地域もあります。文科省も現在，CEFR（〔外国語の学習・教授・評価のための〕ヨーロッパ言語参照枠）を参照して技能別の一貫した目標設定を検討中のようです（話すことを「発表」と「やり取り」にわけて5技能としている，下表参照）。

私は適切な目標設定につながるのなら，この考えにはメリットが多いと思います。上記の不安の払拭につながりますし，「使うことに重点」を置いて次のレベルを見せることは生徒が自律的に学び続けるのにも役立ちます。さらに，異校種同士の理解や目標の整合性にも貢献します。

	CEFR レベル	聞くこと	読むこと	話すこと（やり取り）	話すこと（発表）	書くこと
高校 ↑	B1	ゆっくりはっきりと，なじみのある発音で話されれば，身近な話題に関する**比較的長い**会話や身近な事柄に関する説明の概要や要点を理解できるようにする。	身近な話題に関する**比較的短い記事，レポート，資料**の概要や要点を理解し，必要な情報を読み取ることができるようにする。	身近な話題や知識のある話題について，**平易な英語**を用いて情報や意見を交換することができるようにする。	**時事問題や社会問題**について，具体的に説明するとともに，自分の意見を加えて話すことができるようにする。	**関心のある分野**の話題について，つながりのある文章で具体的に説明するとともに，自分の意見を加えて書くことができるようにする。
	A2	ゆっくりはっきりと，なじみのある発音で話されれば，身近な話題に関する**短い**会話や身近な事柄に関する短い説明の概要や要点を理解できるようにする。	身近な話題に関して平易な英語で書かれた短い説明を読み，概要や要点を理解できるようにする。	日常生活に関する事柄や個人的な関心事（趣味，学校など）について，**ある程度準備をすれば**会話に参加することができるようにする。	身近な話題について，簡単な語句や文を用いて，自分の意見やその理由を短く述べることができるようにする。	身近な事柄（自分，学校，地域など）について，簡単な語句や文を用いて，短い説明文を書くことができるようにする。
中学校 ↑	A1	ゆっくりはっきりと，なじみのある発音で話されれば，身の回りの事柄（自分，学校，地域など）に関するごく短い会話や説明の概要を理解することができるようにする。	興味のある話題に関して平易な英語で書かれたごく短い説明を読み，イラストや写真を参考にしながら，概要を理解することができるようにする。	ごく身近な話題であれば，**基本的な表現**を用いて簡単な質疑応答ができるようにする。	身近な話題について，発表内容を準備したうえで，簡単な語句を用いて複数の文で意見を述べることができるようにする。	自分に関するごく限られた情報（名前，年齢，趣味，好き嫌いなど）を，簡単な語句や文で書くことができるようにする。
小学校	(Pre-A1)	ゆっくりとはっきりと，繰り返し話されれば，短い簡単な指示や挨拶を理解することができるようにする。身近で具体的な事物を表す単語を聞き取ることができるようにする。	身近で具体的な事物を表す単語の意味を理解できるようにする。アルファベットを見て識別し，発音できるようにする。	相手のサポートがあれば，個人的な関心事（趣味，学校など）についての質問に答えることができるようにする。日常の挨拶をしたり，挨拶に応答したりすることができるようにする。	自分に関するごく限られた情報（名前，年齢，趣味，好き嫌いなど）を，簡単な語句を用いて伝えることができるようにする。定型表現を用いて，簡単な挨拶ができるようにする。	例文を参考にしながら，慣れ親しんだ語句や文を書けるようにする。アルファベットの大文字と小文字をブロック体で書くことができるようにする。

（出典）「次期学習指導要領『外国語』における国の指標形式の主な目標（イメージ）案」（教育課程企画特別部会論点整理補足資料），太字は引用者による。

CEFRについては，『外国語の学習，教授，評価のためのヨーロッパ共通参照枠』（朝日出版社）が事例を多く紹介しており，ルーブリック評価（p.122参照）の参考にもなります。

「国際バカロレア」に学ぶ10の学習者像

ここでは「グローバル化に対応した人物像」について考えてみましょう。

---

1 グローバル人材のモデルとは

　私は新渡戸稲造をイメージします。彼は「（旧）5千円札」や『武士道』で有名で，同時に「国際人のモデル」とも言われています。国際連盟で事務次長を努めたときは，英語が堪能で仕事ができ，見識や人格を備えて諸外国の人から慕われ「ジュネーブの星」と称されたほどです。また国内でも，教師や校長として人を大切にした教育をし，校長辞任の日には，全校生徒の約半数が自宅まで来て別れを惜しんだ話まであるほどです。

　私は，「外国語系」や「国際系」の大学・学部に進学する生徒には，新渡戸稲造を読むよう勧めています。彼を知って外国語を学ぶと，志の部分で大きな違いが生じると思うからです。お勧めは，『新渡戸稲造ものがたり―真の国際人 江戸，明治，大正，昭和をかけぬける』（柴崎由紀著，銀の鈴社）。学習漫画もあり，先にそちらで全体像を把握した後で読むと，「太平洋の架け橋になるという志」「世界平和の心」など，多くの教訓やモデルに出会えます。

2 グローバル化に対応した学習者像とは

　続いて，グローバル化に対応した学習者像について考えてみましょう。私は「国際バカロレア」の「10の学習者像」がヒントになると思います。国際バカロレアは「双方向・協働型授業により，学力だけでなく人間力を身に付けたグローバル化に対応した素養・能力を育成」することを目指した教育プログラムです。そのために，どのような姿勢で学んでほしいかを表したものがこの学習者像です。これらを授業や単元，年度ごとに振り返り，自分の強みや進む方向性を確認しているようです。あなたはどのような人を育てたいですか。

■ 探究する人 （Inquirers） 私たちは，好奇心を育み，探究し研究するスキルを身につけます。1人で学んだり，他の人々と共に学んだりします。熱意を持って学び，学ぶ喜びを生涯を通じてもち続けます。	■ 心を開く人 （Open-minded） 私たちは，自己の文化と個人的な経験の深化を正しく受け止めると同時に，他の人々の価値観や伝統の真価もまた正しく受け止めます。多様な視点を求め，価値を見いだし，その経験を糧に成長しようと努めます。	■ 知識のある人 （Knowledgeable） 私たちは，概念的な理解を深めて活用し，幅広い知識を探究します。地域社会やグローバル社会の重要な課題や考えに取り組みます。	■ 思いやりのある人 （Caring） 私たちは，思いやりと共感，そして，尊重の精神を示します。人の役に立ち，他の人々の生活や私たちを取り巻く世界を良くするために行動します。	■ 考える人 （Thinkers） 私たちは，複雑な問題を分析し，責任ある行動をとるために，批判的かつ創造的に考えるスキルを活用します。率先して理性的で倫理的な判断を下します。
■ 挑戦する人 （Risk-takers） 私たちは，不確実な事態に対し，熟意と決断力をもって向き合います。1人で，または協力して新しい考えや方法を探究します。挑戦と変化に機知に富んだ方法で快活に取り組みます。	■ コミュニケーションができる人 （Communicators） 私たちは，複数の言語や様々な方法を用いて，自信を持って創造的に自分自身を表現します。他の人々や他の集団のものの見方に注意深く耳を傾け，効果的に協力し合います。	■ バランスのとれた人 （Balanced） 私たちは，自分自身や他の人々の幸福にとって，私たちの生を構成する知性，身体，心のバランスをとることが大切だと理解しています。また，私たちが他の人々や，私たちが住むこの世界と相互に依存していることを認識しています。	■ 信念を持つ人 （Principled） 私たちは，誠実かつ正直に，公正な考えと強い正義感をもって行動します。そして，あらゆる人々が持つ尊厳と権利を尊重して行動します。私たちは，自分自身の行動とそれに伴う結果に責任をもちます。	■ 振り返りができる人 （Reflective） 私たちは，世界について，そして自分の考えや経験について，深く考察します。自分自身の学びと成長を促すため，自分の長所と短所を理解するよう努めます。

国際バカロレア機構ホームページ「IB Learner Profile」より作成（2015/11/26 アクセス）
http://www.ibo.org/contentassets/fd82f70643ef4086b7d3f292cc214962/learner-profile-en.pdf

12 押さえておきたい！英語授業の現状と今後の方向性

現状の改善にはまずは「現状把握」が必要です。ベネッセによる「中高の英語指導に関する実態調査2015」を見てみましょう（中学校・高校の校長1152名と英語教員2935名対象）。

1 指導方法について（中高ともに上位7項目を抜粋）

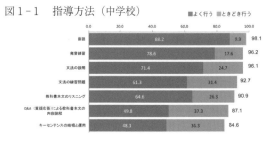

図1-1　指導方法（中学校）
図1-2　指導方法（高校）

> 授業中の指導方法では，中高共に①「音読」②「発音練習」③「文法の説明」などが9割（よく行う＋ときどき行う）を超え，音声を中心とした指導や文法指導が多い。

2 指導方法について（中高ともに下位5項目を抜粋）

（中学校）　（高校）

> 「英語で教科書本文の要約を話す（書く）」などの「話す」「書く」の実施率は低く，特に「ディスカッション」（中5.4%，高9.1%）と「ディベート」（中3.9%，高5.3%）は1割未満。

3 重要だと思うこととその実行について（中高ともに上位3項目を抜粋）

次に，「『重要だと思っている』が『実行できていないもの』」の上位3項目を見ると，「生徒が自分の考えを英語で表現」「4技能のバランス」「技能の統合的な指導」となっています。

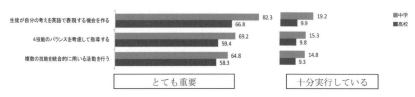

授業づくりにおいては，「現状」を知るのと同時に「今後の動向（方向性）」を把握することも重要です。方向性をつかむと，関連事項を前もって調べたり実践研究したりと主体的に向き合うことが可能となり，多くの人の英知を自分の授業改善に役立たせることもできるからです。
　今後の方向性に関して文科省が示した指標の1つとして，『グローバル化に対応した英語教育改革実施計画』（2013年12月発表）を見てみましょう。これによると，今後は各種検討を経て，2018年度から段階的に先行実施，2020年度から全面実施と予定されています（現在検討中で，今後修正される可能性もありますが，概要やキーワードの把握を目的にご紹介します）。

【中学校】
- 目標例：例えば，短い新聞記事を読んだり，テレビのニュースを見たりして，その概要を伝えることができるようにする。
- 身近な話題について理解や表現，情報交換ができるコミュニケーション能力を養う。
- 互いの考えや気持ちなどを英語で伝え合う対話的な言語活動を重視した授業を英語で行うことを基本とする。

【高校】
- 目標例：例えば，ある程度の長さの新聞記事を速読して必要な情報を取り出したり，社会的な問題や時事問題など幅広い話題について課題研究したことを発表・議論したりすることができるようにする。
- 授業を英語で行うことを基本とするとともに，①4技能を総合的に扱う言語活動，②特に，課題がある「話すこと」「書くこと」において発信力を強化する言語活動を充実する（発表，討論・議論，交渉等）。

（出典）教育課程企画特別部会「論点整理」補足資料（平成27年8月26日）

　文科省が発表している各種資料をもとに，今後の方向性のキーワードを挙げてみます。

- 4技能の育成（バランス良く総合的に，複数技能をリンクさせて統合的に指導する）
- 授業は英語で（授業の半分以上を英語で行っているのは中学で約4割，高校で約5割，平成26年）
- Can-Do 形式での到達目標（「英語を使って何ができるようになるか」を明示）
- アクティブ・ラーニング型の指導（主体的で協働的な課題解決型の学びにつなげる）
- パフォーマンス評価・ルーブリック評価（パフォーマンス能力の測定）
- ICT の活用促進（生徒の動機付け，興味・関心のアップ，学習効率の良さ）
- 民間の資格・検定の利用（4技能を測る）

　これを見ると，今後は先生方ご自身が受けてきた教育とは大きく異なるものもあるので，私たち教員にも，生徒と同じく主体的な学習が求められていると言えそうです。

13 データで学ぶ「学力向上に有効な指導」

ここでは，国立教育施策研究所（2014）が示した，学習に向かう姿勢が能動的になると教科成績も上がるというデータをご紹介します。「次の指導等を行った小・中学校ほど，教科の平均正答率が高い傾向が見られ，これら指導等のほとんどで，学習意欲等や家庭での学習時間等との関係も見られる」とのことです。

(1) 指導方法・学習規律
□**学習規律**の維持徹底（私語をしない，話をしている人の方を向いて聞くなど）
□**学習方法**に関する指導（適切にノートをとる，テストの間違いを振り返り学習するなど）
□**学級全員**で取り組んだり挑戦したりする課題やテーマを与える
□本やインターネットなどを使った**資料の調べ方**が身につくよう指導
(2) 国語科，算数・数学科の指導方法
□**発展的な学習**の指導
□国語の指導として，**目的や相手に応じて**話したり聞いたりする授業，**書く習慣**をつける授業，**様々な文章を読む習慣**をつける授業
□算数・数学の指導として，**実生活における事象との関連**を図った授業
(3) 言語活動
□各教科等の指導のねらいを明確にしたうえで，**言語活動を適切に位置づける**
□様々な**考えを引き出し**たり，**思考を深めたり**するような発問や指導
□**発言や活動の時間を確保**した授業
□学級やグループで**話し合う**活動
□**資料を使って発表ができる**よう指導
□自分で**調べたことや考えたことをわかりやすく文章に書かせる**指導
(4) 総合的な学習の時間
□総合的な学習の時間における**探究活動**（課題の設定からまとめ・表現に至る探究の過程を意識した指導）
(5) 家庭学習
□**調べたり文章を書いたりする宿題**を与える
(6) 研修
□教職員が，校内外の研修や研究会に参加し，その**成果を教育活動に積極的に反映**

（出典）国立教育政策研究所「平成26年度全国学力・学習状況調査の結果」，太字は引用者による。

上記の表の□にチェックすることで，自分や学校の指導を振り返るきっかけに使えます。

続いて，同じデータから，「言語活動」と「(探究的な)総合的な学習の時間」を見てみます。

図表1　各教科等の指導のねらいを明確にした上で，言語活動を適切に位置付けましたか【学校質問紙】

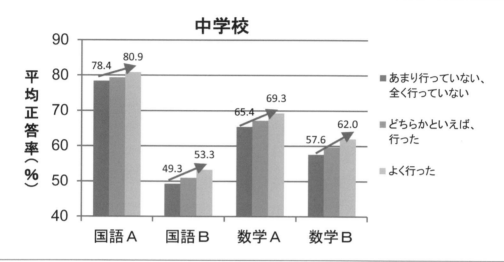

言語活動（例「ペアで意見交換」「製作物を使って発表」「レポート作成」など）に積極的に取り組んでいる学校ほど，各教科の正答率が高い。

図表2　総合的な学習の時間において，課題の設定からまとめ・表現に至る探究の過程を意識した指導をしましたか【学校質問紙】

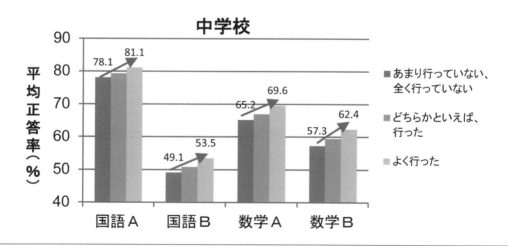

総合的な学習の時間において，課題の設定からまとめ・表現にいたる「探究」の過程を意識した指導をしている学校ほど，各教科の正答率が高い。

Part 4 授業編 4技能を育てるアクティブ・ラーニング型授業モデル

1 ALなしの4技能育成はありえない

　このPartでは,「4技能」をどう育成するかについて考えていきましょう。そもそも4技能とは聞く,読む,話す,書くの「行為」を伴います。また,相手も必要なので「4技能育成にはALが必要」で,「ALなしの4技能育成はありえない」とも言えるでしょう。

2 「習得型」のAL型授業事例（文法・語法・例文など）

　まずは,ALを促す「単元構成と活動の工夫」として「課題解決型の単元構成」と「活動をAL型にする工夫」についてご紹介します。

　その後,すぐ取り入れることができる「習得型」のAL型授業事例として,「協働的な小テスト」「対人意識を活用した音読練習」「語法ミスは宝探しで自ら発見」「個人とグループでの問題演習」「やる気になる協働的な検定制度」の5つの授業モデルをご紹介します。

3 「活用型」のAL型授業モデル

　これまでにも,「活用型」のAL型授業モデルが研究会や書籍等で多く提案されてきました。それらは確かにALの要素を多く含みますが,その授業モデルだけがAL型授業なのではありません。生徒に合わせて目標や手法を一部変えてもAL型授業です。こう考えるとAL型授業は無数に存在し,大切なのはモデルを画一的にとらえるのではなく,「4技能を育成するAL型授業」とはどのような「要素」を持てば良いのか,その視点を自分の授業に活かすことだと思います。「活用型」のAL型授業モデルを13種類,全19事例ご紹介します。

- 得点を「可視化」して継続して高める（ワードカウンター）
- 学びを再生（再話）する（リテリング）
- 人前で発表・プレゼンする（Short Presentation）
- 議論・討論する（ミニ・ディスカッション／ミニ・ディベート）
- 創造・提案する（創造・提案型プレゼン／複数レッスンリテリング〔チャット〕）
- 実社会・実生活とリンクする（UD／willで海外旅行プラン）
- ネイティブ・本物を用いる（ALTとのディスカッション／海外ニュース）
- ICTを活用する（Picture Describing）
- 人間関係づくりの手法を用いる（グループエンカウンター）
- 学校外の課題・検定に挑戦する（英作文コンテスト）
- 量やスピードをハイレベルにする（1レッスン通し読み）
- 長文演習の最後に発信する（入試の長文読解演習）
- 学びを統合するプロジェクトを行う（英語新聞／リテリング年間Review）

4技能を育てるAL型課題解決の単元構成

p.9で見たように，アクティブ・ラーニングとは「課題の発見と解決に向けた主体的・協働的な学習」でした。これを踏まえて単元をAL型で構成するならば，そのポイントは単元全体を「課題解決（ゴール）に迫るものにする」ことにあります。

これまでの単元構成は，本文1ページずつを順次学習して積み上げていく「ページ進行型」（履修型）の授業スタイルが多く，その大きな目標は「内容理解」にとどまっていた可能性があるように思います。

今回提案するのは，単元全体に課題解決のテーマを持たせ，その解決に向かって毎時間の学習を積み上げる「ゴール追求型」の単元指導です。次のようなイメージです。

図　AL型単元構成のイメージ（1レッスン3セクションの場合）

単元全体テーマ（例：「成功者が共通して持つ資質とは」／「バイオミミクリーで新提案」）							
授業1	授業2	授業3	授業4	授業5	授業6	後日	後日
レッスン通し読み	本文セクション①	本文セクション②	本文セクション③	総復習 語法・文法 内容	発展 話す 書く	定期考査	パフォーマンステスト
○TF ○要約	○読解 ○リテリング	○文法・語法 ○英作	○音読 ○議論	○ディスカッション ○15分間英作文		知識問題 活用問題	プレゼン等
	授業5や6，テストに向けてリテリング等の継続練習						

具体的には，まず単元全体にテーマを設定します。ここでは例として「成功者が共通して持つ資質とは」と「バイオミミクリーで新提案」の2つを挙げています。それらに関する本文を毎時間読んだり聞いたりして情報を蓄積しつつ自分の考えを深めながら，学んだすべてをもとに授業5や6の「総復習」や「発展」の時間に自分の意見を話したり書いたりすることを目指します（アウトプット）。「レッスン（ユニット）課題」と呼んでも良いでしょう。

そこで発表したものを他の生徒や教員からのコメントをもとにさらに質を高め，「定期考査（ライティング）」や「パフォーマンステスト（実技）」でより高度化を図るという流れです。

また，本文指導①〜③の前後には，レッスン全体を読み通し，長文を読む力を鍛える「通し読み」と，最後に「まとめ」としてこれまでの復習と発展を取り入れることでスキルトレーニングの要素も持たせています。特に「通し読み」は，「本文1セクションだけでは短いので，1レッスン全体の英文をまとめて読み，入試レベルの読解力と精神力（集中力）を鍛える」時間にしたものです。中学でも高校でも実践できる手法です（p.103〜104参照）。

4技能を育てるAL型授業3つの工夫

　ここでは英語教育で大きなテーマとなっている「4技能の指導」を，より主体的・恊働的に行うための簡単にできる活動上の工夫をご紹介します。

❶ リスニングとリーディングを AL 型にする工夫

　以下のような「Pre（Post）リスニング（リーディング）活動」という手法が参考になります。「聞く（読む）前後の活動を工夫して内容に興味を持つようにする取り組みです。

指導例1　「なぜ聴く（読む）のか」目的を明示する。
　「単元を貫く課題解決テーマ」を事前に設定して伝えておく。
　　例）「なぜ人は音楽に興味があるのか」→それに関連した聴く・読む活動をする。

指導例2　聴く（読む）前に「自分の意識」について考える（ディスカッションする）。
　次のような話題について考えてペア・全体で共有することで興味を高める。
　　例）「最近聴いた曲は何ですか。なぜそれを聴いたのですか」
　　　　「現在，流行っているのはどのような曲ですか」

指導例3　聴く（読む）前に内容を「予想」（予測）する（後で合っていたか確認する）。
　　例）「何が話される（書かれている）と思いますか。3つのうちから選んでください」
　　例）「どのような順番になると思いますか。予測して次のイラストを並べかえましょう」

指導例4　聴いた（読んだ）後に何をするのか「事後課題」を提示する。
　次にすべきアクションを示しておくと，生徒は受け身から主体的になる。
　　例）「聴いた（読んだ）後に，聴きとったことをペアで話します。よく聴いてください」

指導例5　長文を読む前にまず「聴く」活動をする。
　　例）設問を読む⇒長文を聞く⇒設問に答える（QA や TF）⇒長文を読む⇒答えを変えて
　　　　も良い（リスニングをしているので一生懸命英文を読む）⇒解答する

指導例6　聴いた（読んだ）後に「内容確認」（問い）に加え「意見の交流」をする。
　「概要」や「詳細」に関する事実質問だけでなく，「どう思うか」「なぜか」「賛成か」「他の例は」などの意見を（英語で）ペアで話したり書いたりする活動をする。

❷ スピーキングとライティングを AL 型にする工夫

指導例1 「単元を貫く課題解決テーマ」（最終的に取り組む課題）を事前に設定し伝えておく。

　例）単元の最後に「生物から学べる技術革新」について自作の例を挙げプレゼンする。

指導例2 求められる「ゴール像」をイメージで明確化する。

　口頭説明だけでなく「先輩の実演や作品」などで具体的なゴール像を共有する（質の高まり）。

　　例）昨年の先輩のスピーチやプレゼン（英作文）を見て良い点について共有する。
　　　　（料理でもレシピだけでなく盛り付け写真があると出来上がりイメージが湧く）

指導例3 指導前後の「伸び（変容）」がわかるようにする（語数の記録など）。

　学習前と学習後の意見（語数）を比べると，学習の成果（変容）が見やすくなる。

　　例）解題解決テーマについて「最初の意見」を話し（書い）ておく。
　　例）スピーキング活動をするときに「ワードカウンター」を使って毎回語数を記録する。

指導例4 活動後の「事後課題」を先に伝える（発表を予告してから練習する）。

　練習だけでなくその後に発表があるとわかると人は急に「自分事」（真剣）になる。

　　例）リテリング練習後に「1人発表して」と伝えるより，「個人練習（5分）→ペア練習（2分）→全体発表（数名）」と先に説明（板書）して練習した方が本気になる。

指導例5 インプットを「アウトプット」の材料とする。

　聴いた（読んだ）ことに基づいて「内容」や「意見」について話す（書く）。

　　例）「あなたにも当てはまりますか」「他の例を挙げなさい」「〜はどう思いますか」

指導例6 学んだ表現を使って「おもしろい文」を書いてみる（言ってみる）。

　例）I opened the door（驚いたことに）の続きの英文を書く（創造性，多様性）。

I opened the door and saw a prophet. He told me that my house would explode and I should escape. I believed his words because I heard a timer sounding. After I escaped, the prophet entered my house and stole my jewels. In fact, he was a robber.（生徒の作文例）

指導例7 活動前にチェックリストを見て求められるものを理解して始める。

　　例）「テーマについて具体例を挙げて話ができた」「聞き手（読み手）が理解してくれた」
　　　　「（中心となる文法項目）を使えた」などの評価項目を先に提示してから活動する。

❸ 語法・文法・例文指導を AL 型にする工夫

指導例1 新出単語の場合，すぐに発音を指導せず，まずは「自力で読む機会」を与える。

先生がいなくても自力で未知の単語を発音できる力をつける。

例）フラッシュカードがあれば個々に発音させても良いし，単語シートを使う場合は，ペアになって1つずつ交互に発音させても良い。

指導例2 「形」と「意味」に加え「使い方」と「例文」も紹介する。

例）通常は，以下のように「形」と「意味」を指導することが多い。（only to を例とする）

> （形） only to ～　　（意味）「その結果は～するだけだ」

これに，「使い方」と「例文」の2つを追加し，「音声演習」をする。

> （使い方）　副詞的用法（結果），結果が期待はずれなときに使える
> ＊どんなときに使える表現なのか，生徒にイメージがわきやすくなる。
> （例文）I used " hair growth tonic " for many years only to lose all my hair.
> ＊例文を知ると，使い方のイメージがより具体的に浮かぶ（ある先生が自虐的に作成した例文）。

指導例3 新しい文法や表現を指導したら楽しく自己表現させる（個→ペア→全体）。

例）To my surprise,（私が驚いたことに～）を習ったらそれを使った文を創作させる。
（生徒の作文例）To my surprise, my " Hittuki Mottsuki " is a dialect of Hiroshima.

指導例4 「類似表現」は違いを生徒に考えさせた後で「例文」で示す。

例）「 even though と even if はどう違う？」（生徒は考える）
　　意味は両方『たとえ～でも』だが，even though は「事実」，even if は「仮定」
　　「私はたとえ雨が降っても，行くだろう」（生徒考える）→ I'll go even if it rains.

指導例5 説明して生徒が納得するには生徒が知っている例を出す。

例）sympathy で sym を教えた後に synonym を例示しても知らない生徒は納得しにくい。
　　bow は「弓」と「お辞儀する」で発音が異なる。前者と同じのが rainbow（虹）。

指導例6 使う力を高めるには，問題演習で「文字練習」の後は「音練習」までする。

いくら文法演習をしても解くだけでは頭に英文が残らない。「文字練習の後には音練習」「文字練は音練の準備」「理解で終わるな，暗唱せよ。暗唱したら活用せよ」と繰り返す。

「習得型」のAL型授業モデル5

1 協働的な小テスト

→ 取り組みの紹介

　授業の最初の時間に単語や熟語，文法などの小テストを行う先生も多いでしょう。目的は，学習事項の定着です。定着を目指すということは，満点でなかった場合はすぐに復習するかが大切です。そう考えると，「小テストの後に教員に提出してすべてを採点して次の時間以降に返却」というシステムはベストとは言えません。実施から復習までに時間がかかるからです。フィードバックは早い方が良いと言われています。学力向上には「即時評価・即時強化」が大切です。そこで，小テストの採点に生徒同士のペア採点を取り入れます。目的は，「テスト直後の定着度が高い旬の時期」と「対人意識」の活用です。途中の言葉かけも大切です。

→ 指導の手順

❶生徒に「相互採点」（隣の人と交換して相互に採点する）の趣旨を伝える。

> 例）「私はこのテストを通して，全員にパワーアップしてほしいと願っています。テスト直後が学習の吸収率が最も良いと言われています。そこで，ペア採点を取り入れ，すぐに復習ができるようにします。また，ペアの人と一緒に頑張ろうという意味で，すべて○つけが終わったら相手に一言書いてあげてお互いを鼓舞しあってください。パートナーと頑張りましょう」

❷小テスト実施後に，ペアで交換して相互に採点する。
　責任を持って採点をしたということで「採点者名のサイン」を書く。
　さらに生徒は，Good! や，「惜しい！」と書いたり，花丸をしたりしている。
❸満点以外の生徒は，その場で小テストの余白に間違えた単語などを練習する。
❹ペアでテスト用紙を再度交換して，相手がミスした単語が言えるかどうかチェックする。
❺教師は，提出されたテストを再度確認して，帳簿に得点を転記する。

→ 指導のポイント

● 小テストの合格点を設定し（例えば10点中の7点），「それを相手が上回れば花丸をつけてほめてあげよう」というシステムにしておくと，ペア採点が楽しくなる（協働の意識）。
● ミスを防ぐため「人なので合計点のミスがあるかもしれないので念のため自分でも確認してくださいね」と言う。変更・不明点があれば，相手や教師と確認して修正する。
● テスト前に出題し合って練習するペアもでる。喜んでハイファイブする。
● 小テストは得点を視覚化すると生徒は頑張る。5回分書ける用紙でも得点表でも良い。

❷ 対人意識を活用した音読練習

→ 取り組みの紹介

　英語授業では音読練習をよく行います。音読の目的の1つは，学んだことを表現できるようにする橋渡しです。音読練習はペアで行う方法が多くあります。例を挙げてみます。

- サイトトランスレーション：英語と対応した和訳が書いてあり，ペアで通訳練習を行う。
- 一文交代読み（または「ピリオド交代読み」）：ペアになり，英文を一文ごとに交代して音読する。
- 速音読：ペアになって，片方が猛スピードで音読する。相手がストップウォッチで計る。

　音読練習の活動時間だけを考えると，上記のようなペアで行う方法では1人の音読時間は半分になりますが，それでも「聞き手がいる」ことで生徒の本気度は上がり，その結果，活動と思考が活発になります。「対人意識」が生じると頑張ろうとする責任が生じるのです。

→ 指導の手順

❶声が小さいクラスでも音読の声が少し大きくなる方法

　既習レッスンを復習したいときに使える方法。10文程度の1ページを「一斉」に音読させるときは声が小さいクラスでも，「ペアで1文ずつ交互に読みます。じゃんけんをしましょう。勝った方が先行で奇数の文を，負けた方が偶数の英文を読みます。読み終えたら，役割を変えてもう1度はじめから読みましょう」とすると，相手の英語を聞く必要が生じて，声が少し大きくなる。役割を変えて2回繰り返すことで，全文を読むことができる。

❷英文を復習したいときは「音読」に「Read & Look up」を混ぜる。

　既習ページの英文を言えるようにしたいときに使える方法。「ペアで復習音読をします。1文ずつ Read & Read & Say をします。英文を2回読み，その後に顔を上げて英文を空で言います。聞き役は相手が言えたか聞いてあげてください。言えたら役割交代，言えなかったら文頭の語のヒントをあげてください。言えない場合は，もう1度読んで言えたら役割交代です。最後まで行ったら役割を変えてもう1度行いましょう。これで全文をカバーできます。なお，2回目に早く終われるよう，1回目で相手の英文をよく聞いておいてくださいね」こうすると，お互いに役割が生じ，よく聞き，協力して早く言えるように努めるようになる。

→ 指導のポイント

- 「対人意識」を活用すれば活動が主体的，協働的になりやすい。他の活動でも応用可能。

❸ 語法ミスは宝探しで自ら発見

→ 取り組みの紹介

　生徒が英文を書くとどうしても語法や文法などにミスが出ます。そしてそれらのミスは，多くの生徒に共通します。こうしたときに，一人ひとりに指導する手もありますが，多くの生徒に共通するミスを1枚のハンドアウトにまとめて，生徒に「自ら発見してもらう」活動が効果的です。生徒はけっこう楽しんで「宝探し」を行います（能動的な授業参加）。

　この活動は中学生でも高校生でも可能です。例えば，中学1年生で「現在進行形」を学習した際，現在進行形の「～しているところだ」という意味自体は中学生にも理解しやすいのですが，つまずきやすい点が2つあります。1つは，現在形の「習慣」との誤用です。「私は毎日塾に歩いて行っています」のような「習慣」を進行形にしてしまう生徒がいます。このようなときには，「進行形は，今まさにその動作が目に見える進行中の動作。現在形は今していなくてもいい習慣的なこと」と伝えると良いでしょう。もう1つは，「be動詞の欠如」や「ingの付け間違い」です。ここではこうしたミスが出たときに，楽しくミスに気づかせる方法を提案します。名付けて「宝探しゲーム」です。

→ 指導の手順

❶生徒が，英文を書く。
❷提出させて多くの生徒に共通するミスをメモする（パソコンに打ち込みながら添削）。
❸メモをもとに宝探しハンドアウトを作成（メモを編集）する。
❹授業中に「宝探し」ハンドアウトを配布して生徒が解く（その後ペアで確認）。
❺全体でポイントを確認する。

→ 指導のポイント

● 今回紹介した「宝さがし」は，現在進行形という1つの文法項目を中心としたものなので，ミスにも気づきやすい。他にも，いろいろな文法項目がミックスになっている「宝さがし」プリントを作成すると，生徒の語法・文法上のミスへの気づきをより促すことができる。

●年●組　宝探しクイズ（現在進行形）

次の英文は、皆さんが書いたものの中から、修正するとより良い文になる点が含まれたものです。「修正点はパワーアップの宝」です。宝探しをしましょう。見つけられるかな？（修正した方がよい部分には下線を引いて、その下に正しい表現を書く。）

①Takeshi is using computer now.
②Kenji is studying his homework.
③Miho is running with them cat, Shiro.
④Kenshiro is studing for a English test.
⑤Naho brother is reading an interesting book.
⑥Keiko is watching dorama on TV.
⑦Miki is etatting rice, misosoup and fish.

　　　　　　　　　　　　　　　　　　／7

【ご紹介】中学1年生で次のような英文を書いた人もいました！

①Sora is playing his guitar because his dream is to be a musician.
　So he practices the guitar every morning.

②Fumiya is Hikaru, Ryoji and Yuki's brother.
　He usually plays the piano, but he is playing the guitar now.

❹ 個人とグループでの問題演習

→ 取り組みの紹介

授業中に各種の問題演習を行う際にも，グループワークを工夫すれば，生徒に「主体性」や「責任感」「協働性」を育むことができます。グループワークがなぜ必要なのかという「社会的な背景」を伝えたり，グループワーク中の「声かけ」を意識したりします。

→ 指導の手順

❶前提（自宅での宿題）：問題演習は，自宅でやってくる。
❷本時の目標とやり方・趣旨説明をする。
　目標：「グループメンバー全員が演習内容に取り組み，理解する」

> ① 自宅で1人でやってできなかったところをグループの力を借りて乗り越える体験をする。
> ② メンバー全員が（ほぼ）できたら解答を渡す。
> 　（課題をやってきていなかった生徒はあせる。他の人に迷惑がかかる。）
> ③ 今後は，「個人学習」（自分のこと）だけでなく，「社会的学習」（チームで協力して質を上げる，協力する，コミュニケーションをとる社会的能力）が必要になる。具体的に言うと，受験学力だけでなく人とうまくやる力も社会人には必要。

❸全員ができたチームから解答を渡す（答え合わせをする）。
　「×だった問題こそが宝です。そこが自分の力が伸びるポイントだからです」
❹関連する（大学）入試問題で成果を確認する（生徒：「これモチベーションアップします」）。

→ 指導のポイント

- グループワーク中の声かけは，「協力しなさい」などの指示ではなく，「協力できていますか」「話せていますか」といった言葉かけが良い（小林昭文先生からの学び）。
- 個人学習だけでなく「表現力」や「協働性」をつけることは進学校でも必要。
- グループワークは学習形態だけでなく「社会的な必要性からの実践」と説明すると良い。
- 「グループ全員ができたら」という指示は効果的。生徒の動きが速くなる。さらにそれぞれの進捗度をNameカードを使って「見える化」すると，より主体的に動く。
- 1回だけでなく続けて実践すれば自宅学習も進みやすくなる（グループで皆が早くできるようになるために人に迷惑をかけられない，自分のことをきちんとしておこうという意識が生じる）。

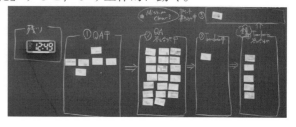

❺ やる気になる協働的な検定制度

→ 取り組みの紹介

　昼食後の授業で眠かったり，英語力が十分でないため授業がわからなかったりする生徒でも熱中して課題に取り組み，授業終了時には生徒の口から英文がスラスラと出てくるようになる授業があります。コツは，一斉授業の中に個別指導（確認）の場をつくること。これだけで，生徒が燃えて「やった～！」「うれしい～！」「よっしゃ！」という声が教室にあふれます。授業内に覚えたい英文を設定し，覚えたらペアで教師のもとに来て検定を受けます。指定された時間内に2人とも言えたら合格。2人ともで合格になるため，協働する場面が生じ，相手のために自分も頑張ろうという協働意識が生まれて頑張れるのです。

→ 指導の手順

❶（授業前に）本日覚えるべき英文（例：10文）を設定する。
❷（授業の最後に）「2人で合格したら終了」の課題があることを告げておく。
❸（生徒は）授業中に該当の英文を理解して練習する（学習法は本人たちが決める）。
❹準備ができたペアから教卓に来させ，教師がチェックする。

　例）基本文10文程度の場合の出題例
　　　→基本文の中から，1人ずつ問題を出す。教師が日本語を言い，生徒が英語を言う。
　　　　2人とも時間内（今回は5秒）に言えたら合格。片方が不合格なら再度挑戦。

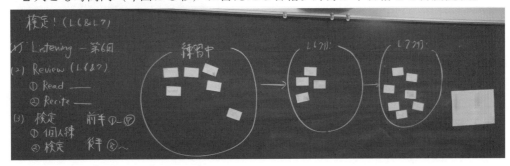

→ 指導のポイント

● 「授業内にクリアできなかった人は休憩中に付き合います」というと生徒は頑張る。
● 早く合格した生徒には次の課題を指示する（暇ができると授業運営上良くない）。より力をつけるために，口頭で言えた英文を書けるように練習（ノート）するなど。
● この授業の良さは，1人の漏れもなく成長できること（ペア活動の成果）と，何度も口頭練習して英文が頭に残ること。授業後に生徒と廊下で出会い，「ロシアはブラジルの2倍の大きさです」と言うと Russia is twice as large as Brazil. とすぐに返ってくるようになる。

4 「活用型」のAL型授業モデル19

1 得点を「可視化」して意欲を継続する「ワードカウンター」

→ 取り組みの紹介

　ワードカウンターとは，広島の西巖弘先生が考案した「魔法の紙」のことです。アクティブ・ラーニング型授業においてもこれは外せません。用紙には1〜150ほどの「数」が記載されていて，基本的に2人1組のスピーキング活動で使います。1人が話した英語をもう1人が「ワードカウンター」を使って発話語数を数えます。発話語数が数値に現れるので，話し手は英語を話し続けようとします（能動的な授業参加）。この活動の良さは，自分の伸びを数値で把握でき，準備がいらず継続して使えることです。ディスカッションもディベートも，その基盤は「一定時間責任を持って英語で話し続けられること」です。ワードカウンターで，英語を話し続ける力（汎用的な言語スキル）を磨きましょう。

→ 指導の手順

❶教師がその日のトピックを提示する（「日替わりトピック」／「前時のリテリング」）。
　例）My dream ／ Things I did last weekend ／ L.3 section ②
❷生徒はペアでじゃんけんをして話す順番を決める（勝：話す／負：数える）。
❸一方が英語を話し，片方が語数を数える。
❹語数を伝え記録する（役割交代してもう1度）。

→ 指導のポイント

● 語数は繰り返しや Well なども1語としてカウントする。
　Well, I think I, I want to…
　　1　　2　　3　　4 5 6　7
● 教師が例を示すとモデルとなり，生徒は話しやすくなる。
● 相手の話を注意深く聞かせるには，聞いた後に相手の話を「3文要約」や「2文要約＋1文質問」などの活動を取り入れると良い。
● さらなる活用法は，西巖弘著『即興で話す英語力を鍛える！ワードカウンターを活用した驚異のスピーキング活動22』を参照（お勧めです）。

❷ 学びを再生(再話)する「リテリング」

→ 取り組みの紹介

　生徒に「話す力」をつけさせるにはどうしたらいいでしょうか。私は簡単に,しかも前時までの復習となり,継続しやすい方法として,教科書の「リテリング」を勧めます。これは,学んだ文章をまとめて自分の英語で話す活動です(汎用的な言語スキル育成)。英文「理解」に加え,「説明」できることを目指すことで,「深い学習」や「表現力」を磨く機会にもなります。

　リテリングでは「ある時間責任を持って英語を話し続ける」力が必要ですから,先述した「ワードカウンター」(p.76)を使った取り組みが有効です。ペアの相手がリテリングの語数を数えてくれることで,より長く話そうという能動的な授業参加を促進できます。

→ 指導の手順

❶リテリングすることを生徒に伝える(同時に,「後で1名発表する」とも伝える)。
❷リテリングに必要な箇所を音読・暗唱練習する。
❸ペアになってワードカウンターを用いてリテリング発表する(相手の語数を計る)。
❹全体から1名ほど発表する。

→ 指導のポイント

● 生徒の力に応じてリテリングをやりやすくするには,次のような方法がある。

> ①ストーリーの「流れ」を示したイラストを黒板に貼って(必要に応じて)参照させる。
> ②ストーリーに関連する「キーワード」を板書(プリントに掲載)する。
> ③リテリング用の要約文を作り,キーワードのみを(　　)にして口頭で埋めさせながら行う。
> ④(必要に応じて)英文を見ても良い(話すときは顔を上げて話すようにする)。

● 活動は,ペアで練習するだけでなく,「ペア練習の後は全体発表」としておくと,ペア練習の質が上がる(発表を前提とした練習になる)。「後で誰か発表をする」と聞かされた状態で練習をするのとしないのでは,集中力と主体性が大きく変わる。「練習前に」板書と口頭で発表があることを伝えておくことは生徒を主体的にする工夫の1つ。

● 生徒には「人前で英語を話す緊張場面」を体験させて自信をつけてもらいたい。
　その意味で,「ペア練習」の後に「全体発表」(1名)をすると,緊張場面を体験できる生徒が1名となる。さらに授業中に発表場面を経験させたい場合は,2つのペアをくっつけて4人(または5人)のグループにして,その中でじゃんけんで勝った人に発表してもらう(他の人はアクティブ・リスナー)のも良い。こうすると全体で6人ぐらいが1度に発表できる。机間をまわれば教師は6人全員分の英語も簡単に聞いてコメントできる。

❸ 人前で発表・プレゼンする「SP（Short Presentation）」

→ 取り組みの紹介

　英文を自分の言葉でリテリングする活動に慣れてきたら、ぜひ「ショートプレゼンテーション（SP）」にもチャレンジしてみましょう。これは、聞き手を意識した「プレゼン」活動です。ただし「ショート」という名前が付いているように、1〜2分間という授業で継続しやすい長さです。慣れると、2分間のペア練習のときから教室が騒然となります。ジェスチャーの動きも伴った様子は、教室前の廊下を歩いている先生方がその様子を見て立ち止まられるほどです。生徒の中には、英語での発表におもしろみを感じ、自ら希望して「全体で発表したい」という人も出るほど、表現力や学習意欲の向上につながる活動です。

→ 指導の手順

❶ プレゼンの意義を伝える（大学や社会で必要とされている実態について自分の言葉で）。
❷ 流れを板書して意欲付けをする。
　「音読してペアでリテリングし、最後1人に Short Presentation をしてもらいます。誰が当たるかわからないので、皆が当たっても良いように最高の準備をしておきましょう」
　① Review Reading (4min)　② Retelling　③ SP（Short Presentation）
❸ 音読練習時のポイントを板書して、意識して音読練習をさせる。

> Read as you speak（Don't just read, engage!）　発音！　意味！　抑揚！

❹ リテリングは「立って」「プレゼンに向けて本気で準備を」と伝えて行う。
　「Short Presentation のコツ」を板書して意識して練習をさせる。

> ×たんたんと英語を話すだけ　○ジェスチャー　○相手を巻き込む　○問いかけ
> ○ポイントに入れ！　○話す順番　○終わりは Thank you. などの一言（拍手しやすい）

❺ 全体から1名 Short Presentation を行う。
　Name カード（p.36）でランダムに指名。誰が当たるかわからないと集中して練習する。

→ 指導のポイント

● 音読や発表は立たせて行う。立たせるだけで活動に集中して声も動作も大きくなる。
● 以前は「時間がかかるしプレッシャーをかけすぎたくない」という理由で全体発表を躊躇していたが、生徒心理を大切にしつつ全体発表時間を設けるとメリットが大きい。「全体の前で1人で発表するのはプレッシャーがかかるからやめよう」ではなくて、先に「発表をする」「そのために良い準備（練習）をする（目的意識）」と進めた方が練習の質が上がり、発

表者のレベルも上がりやすい。そして，発表がおもしろくなると，聞き手側も楽しくなって自然に拍手が出る温かい雰囲気になる。
- 聞き手にも「アクティブ・リスナー」になるようにと，次のような点を指導する。

> - うなずき　　● 表情　　● 終わった後のねぎらいの言葉

- いつもの活動は，ペアを替えて行うだけでも教室が新鮮な雰囲気になる。
  例えば，ペアを短時間で替えるには，次のような方法がある。

> - 座席の前後でペアになる。
> - 列を丸ごと別の列と入れ替えて横の人とペアになる。
> - 任意で（最近やっていない人と）ペアになる。

誰とでも良い人間関係が築けることが「コミュニケーション能力がある」ということ。
- 発表させることは「外化」であり，教師にとっても生徒の力を確認する機会となる。
- サマリーを自宅で用意してくる生徒も増える。発表があるから自宅で準備しておこう，という心境は，アクティブ・ラーニングをディープにする（p.50参照）うえでも大切な観点。
- 上記のことを進めるに当たって，その他工夫できること。

> - アクティブ・ラーニングの研修会に参加し，今後の社会や，高大接続の観点からも「表現力」の育成や「協働」する場面は大切であることを生徒に伝える。
> - 卒業生の「大学では普通に英語でプレゼンがありますよ」という言葉を紹介する。
> - 生徒に，「全国各地に進学してその場でリーダーを務められるようになってほしい」「高校時代に人前で話す経験を十分積んだと言えるよう頑張ろう」と応援する。
> - レッスンのまとめの時間に，ALTとのディスカッション授業を継続的に入れる（p.93参照）。
> - ワードカウンターでリテリングの取り組みを続ける（話し続ける力をつける）。
> - 定期テストの後に実技テストを設定する。授業での練習は，パフォーマンステストに向けたものでもある，という意識を生徒が持てるようにする。
> - 生徒には，「本当の理解＝説明できること」と言う（関西外国語大学の中嶋洋一先生からの教え）。合わせて，「説明できること＝自分の実力」と伝える。
> - 長文は「内容理解で終わるな。理解に意見を加えて話せるのが目標」と伝える。

- こうした取り組みをしたら生徒に感想を書いてもらう。SPをすることで「英語力が伸びる」「自信がつく」「内容理解が進む」「英語が話せる」「プレゼン方法を学べる」「復習が進む」などのプラス意見が出ると同時に，「大きなミスは指摘してほしい」「2人でプレゼンしたい」「グループで発表したい」など「授業の改善点」になる提案も出る。アクティブ・ラーニング型の授業改善をするうえで生徒の意見や振り返りは貴重である。

❹ 議論・討論する「リテリングから双方向のミニ・ディスカッションへ」

→ 取り組みの紹介

　これまでは主に「即興的な発話力」や「学んだことに意見を加えて話す力」を育成する取り組みを見てきました。これらはどちらかと言うと，自分から相手に「一方的に話し続ける言語力」を育てるものでもありました。「即興的な発話力」が育成できてきたら次は「即興的な対話力」に移りましょう。「相手の話を聞いて関連した話を双方向で即興的に話し合う」言語スキルの育成です。内容も合わせて，日常的な話題から社会的な話題にレベルアップします。

→ 指導の手順

❶ Today's topic（ディスカッション型）を伝える。
　はじめは扱ったことがある話題（Do we need school uniforms? など）だと話しやすい。
❷ 自分の意見に関連したキーワードを各自で考え出す（1分）。
　賛否や理由，具体例を書かせる。文章を書く時間はないので名詞と動詞のみメモさせる。
❸ ペアでじゃんけんをする（勝った方はまず質問，負けた方から意見を言う）。
❹（いったん活動をした後で）留意点を伝える（気づきが大きくなる）。

> ①対話では，相手の意見を聞きたいときや，自分が話し続けられなくなったときには，How about you? が効果的。ただし，2分間で2回までの使用にする（後は責任もって自分が話す）。
> ②2分間は話し続けられるようにお互い協力して話題を続ける。
> 　ネイティブは「4秒間空白があると違和感を覚える」というので間をあけすぎない。

❺ 起立して，始める。
　勝った方が❶の質問を相手にして，負けた方が自分の意見やその理由を言う。
　その後，2人で会話を続ける。例）Yes, we need school uniforms because …

→ 指導のポイント

● 「ペアでの対話なんてうちの生徒には難しい」「もっと段階を踏んでから」と思うかもしないが，やってみると案外できる。生徒の限界を決めずにやってみることが大切。

> （生徒の感想）はじめは2分間も話せないと思ったけど，いざ話してみると楽しくできた。今後は，もっと英語らしさや文法をスラスラ言える力が必要だと思う（後略）。
> （生徒の感想）I realized that it is difficult to make a dialogue with a partner when speaking. We need not only impromptu ability to speak but also ability to deal with every situation flexibly. I will practice it. And I want to be a great English speaker when I graduate from this school.

●ディスカッション授業を成功させるポイントをおさえる。

　授業中に英語でディスカッションをすることに生徒が慣れてくると，授業が白熱教室のようになってくる（Read, think and express というイメージ）。英語で discussion する授業のポイントを以下に挙げてみる。

●生徒の中で言うべき「課題意識」が生じると話したくなる。課題設定が重要。
　＊課題意識を生じさせるために画像は有効（いかに地雷が害をもたらしているかなど）。
●話す時間を確保するために，他の活動を時間短縮する。
　例①）文法などの解説時間を短縮する。
　例②）音読・暗唱部分を限定して練習する。
●漠然と「2分間話せ」という指示よりも，トピックを与える方が話しやすく授業で学んだ内容を活用しやすくなる。例）What are mines? Why do they exist?
●話す前に，使えそうな本文を含む英文を暗唱させておくと話が続きやすくなる。
●暗唱した本文の英文にとらわれずに，自分なりの英文で良い，と促すと，英文を忘れたので会話ができない，という状況を回避することができる。
●discussion が終わった後に，できれば生徒から全体に発表させる時間を取りたい。
　そうすると，できばえがわかるし，次に向けてのまとめを教師が言う参考にもなる。
●暗唱・discussion をするためには，授業の最後に10分間ほど残しておくと良い。
　例）トピック提示：1分　暗唱：3～4分　思考：1分　活動：2～3分
　　　意見の集約・まとめ：2分　授業を「逆算」して前の活動を考えるとうまくいく。
●時々「活動の感想」（振り返り）を書かせると，生徒の考えや改善点を多く知れる。
　知った情報は，まとめてプリントにして生徒に紹介して授業改善に活用する。
●4人（ペア×2チーム）か3人グループが良い（前後でくっつく／机移動不要）。
　＊4人グループより3人グループの方が1人当たりの話す量は増える。
●全体にレポートして，生徒同士がコメントや質問をしあってつながることを目指す。
　例）good teacher になりたいと発表した生徒に対して他の男子が In order to be a good teacher, what should we do? と聞いてやり取りが続くなど。
●「意見のつなげ方」（汎用的な言語スキル）も事前に指導しておく。
　例）You mean …／You said that …／Previous speakers said that …
　　　Mr. ~ talked about …／It's not always true.／I think so, too. However …
●生徒の挙手を促すには「1授業1貢献（発言）」以上を目標設定しても良いかもしれない。
●ディスカッションで学んだことは英作文にまとめる（情報の蓄積，正確性の向上）。

❺ 議論・討論する「汎用的な言語スキルを鍛えるミニ・ディスカッション」

→ 取り組みの紹介

中学3年生の話す力を伸ばすためのスピーキング活動（帯活動）をご紹介します。それまでの話す活動は単発的な発話が多く，内容にも深まりがありませんでした。そこで，1人で一定時間話し続ける力を伸ばし，より創造的なやり取りができるようになることを目指して下のようにしました。グループのメンバーが役割分担をする協働的な学習に，生徒各自が主体的に取り組むことを通じて汎用的言語スキルを伸ばすアクティブ・ラーニング型の活動です。

→ 指導の手順

❶生徒は，固定メンバーのグループ隊形（4〜5人）で着席する。メンバーには次のような5つの役割分担がある。これらの役割はすべての生徒が輪番で担当する。

> Speaker, Counter（兼 Supporter1）, Judge1（兼 Supporter2）
> Reporter（兼 Opponent1）, Judge2（兼 Opponent2）

❷授業者の合図で，各グループのその日のSpeakerが90秒のスピーチをする。スピーチのテーマは全グループ共通で，おおよそ週替わりで設定する。例えば，

> ● Studying is the most important for junior high school students.
> ● Money is more important than dream in choosing a job.
> ● It is OK to get married without dating.

など。Speakerは，ForかAgainstの立場を明らかにして自分の意見を述べる。スピーチの原稿は事前にリレー・ノート（グループ内で共有する交換日記のような小さなノート）に書いてくるが，可能な限り原稿を見ずに話す。また，用意した分を早めに言い終わっても，90秒いっぱいは即興で付け足して話す。Speakerが話している間，Counterは「ワード・カウンター」でSpeakerの発話語数を数える。その他のメンバーは，しっかりと聞いてメモを取る。

❸90秒後，スピーチを止める。各グループのCounterは黒板に自グループのSpeakerの発話語数を記録しに行く。それが終わったら各グループ内で3分間のディスカッション。Speaker＋Supporter(s)とOpponentsにわかれて，スピーチの内容について意見を述べ合う（と言っても，まったく準備なしでのディスカッションは難しいので，For／Against各サイドで使える表現を載せたハンドアウトを配付し，活用を促す）。

❹3分後，2人のJudgeが相談して，ForとAgainstのどちらのサイドの勝ちかを決める。基準は，内容よりも「どちらがよりしっかりと英語で話せたか」（ここは「語学の練習」と割り切って考える）。30秒で「セルフジャッジ」する。

❺各グループの判定（勝者は For か Against か）を授業者が聞き取り，黒板に記録する。その後，各グループで，今度は Reporter が中心となって，スピーチとディスカッションの内容を第三者にレポートする原稿を作る。制限時間は2分と短めなので，Reporter 以外のメンバーは役割分担に関係なく原稿作成に協力する。たとえば，Reporter が「〇〇って英語で何て言ったら良いの？」と聞けば，他のメンバーが辞書を引いて教えてあげる，という要領にする。

❻2分間のレポート作成が終わったら，グループ間交流をする。各グループの Reporter が他のグループに出かけて行って，自分のグループのスピーチ・ディスカッションの内容についてレポートする。どのグループの Reporter がどのグループに行くかは，授業者が先ほどの勝敗判定などを参考にして指定する。交流する時間は2分間。その間に，Reporter は先ほど作成した原稿に基づいて，ただ読み上げるのではなく，受け入れ側グループのメンバーに向かって話しかけるようにレポートする。受け入れ側グループはレポートを聞いて，メモを取る。レポートが終わったら拍手して，受け入れ側グループから Reporter に質問したり，逆に自分たちのスピーチ・ディスカッションについて Reporter に対して紹介したりする。

❼2分後 Reporter は自分のグループに戻る。その後，スピーチやディスカッションの中で言いたかったけれども英語でどのように言えば良いかわからなかった表現をグループごとに発表し，授業者の指示に従って辞書などを参照し，適切な英語表現を学ぶ。

※文字にすると複雑な活動に思えますが，所要時間は全部で15分程度です（もちろん，活動の状況に応じて，各局面により多くの時間をかけて指導することも可能です）。

→ 指導のポイント

この活動をアクティブ・ラーニング型にしている要素を抽出してみる。

- 自分の意見を述べる／原稿は事前に用意する／質問する／セルフジャッジする
  → 生徒は事前の準備から活動まで**能動的に授業に参加**している。
- 役割分担がある／意見を述べ合う／質問する　→ 生徒は**活動を通じ学習**している。
- 原稿を見ずに話す／メモを取る　→ **汎用的な言語スキル**が重視されている。
- 即興で話す／レポートするための原稿を作る
  → 生徒は情報の取捨選択や整理といった**高次の思考**をしている。
- 自分の意見を述べる／意見を述べ合う／グループ間で交流する
  → 生徒は自分の**思考プロセスを外化**している。
- セルフジャッジする　→ 生徒は学習に対し**主体的に振り返り**をしている。
- グループで役割分担がある／レポート原稿作成に協力する／グループ間で交流する
  → **学習プロセスは協働的**になっている。

6 議論・討論する「(慣れを目標とした)ミニ・ディベート」

→ 取り組みの紹介

　本物のディベートは情報収集したり整理したりするのに時間がかかり，何より高度そうで通常授業に取り入れづらいイメージの方もいらっしゃると思います。そこで私は，「論理性勝負」の本格ディベートの前に，慣れることを目的にした「語数勝負」の「ミニ・ディベート」から始めることをお勧めします（詳しくは，西先生の前掲書，p.76を参照）。「ワードカウンター」の語数カウントとうまく連動し，次頁のような用紙を使った簡易タイプのミニ・ディベートで，簡単にできて生徒は楽しく取り組みます。

→ 指導の手順

❶黒板にタイトルを板書する。　例)「英語で(ミニ)Debate(Talking Match)体験」
❷4人1グループになる。
❸「ディベートとは何か」の基本的事項を日本語でおさえる（教科書などの資料を活用）。
❹ディベートのハンドアウト（p.85 参照）を配布する。
❺グループ内でじゃんけんをして，個々の役割を決める。
　役割例) debater（肯定）・debater（否定）・judge（肯定）・judge（否定）
❻プリントにしたがって，ディベートの準備を進める（自分の思考をまとめる）。
❼ディベートを体験してみる（1回目，2回目…）。

→ 指導のポイント

- プリントに英文の書き方の見本を入れることではじめて体験する生徒も理解しやすくなる。
- ディベートは生徒が興味を引くトピックが大切。例) The Internet, good or bad?
- ディベーターは2回話すチャンスがある。1回目にすべて話し終えている生徒がいれば2回目は「別の主張」でも良いし「相手の意見への反論」でも良い，と伝える。
- はじめから「論理性勝負」は難しいので，1回目は「語数勝負」で慣れてもらい，2回目に「論理性の勝負」とすれば，課題もチャレンジングなものになる。
- ここでは「語数勝負」のやり方を紹介し，「論理性勝負」（論理的なもの，反論は得点が高い）については西先生の本を参照（p.76）。プリントは，次頁で両方を紹介している。
- debater が話す時間が30秒と短いので，英語力がそこまで高くない生徒も挑戦しやすい。30秒なら短いので「何とか言ってみよう」という気が働くようだ。30秒×2回の合計発話数で，多い生徒で90WPM 程度だった。

ミニディベート（Talking Match）のハンドアウト（語数勝負版：下と論理性勝負版：上の2種類）

ミニディベート（Talking Match）② 発展版（論拠と反論が効果的な方が勝ち！）

Class (6-   ) No. (   ) Name (   )
◆1vs 1（論拠と反論が効果的な方が勝ち！）1試合2分 ①肯定（30秒）②否定（30秒）③肯定（30秒）④否定（30秒）

(1) Brainstorming ～相手の反論を考慮した発展版 Brainstorming Sheet

Topic position	+ （affirmative side）		- （negative side）	
1		↔		
2		↔		
3		↔		
4		↔		

(2) 3人1グループの役割

Name				
Match	1st	debater（肯定）	judge	debater（否定）
	2nd	judge	debater（否定）	debater（肯定）
	3rd	debater（否定）	debater（肯定）	judge

(3) 3人1グループの投票とスコア ＊スコアは、各欄の左に記入
例）スコア 0点 (No reason. No logic.) 2点 Logical reasons (論理的な理由) 3点 Personal or emotional reasons. (個人的／感情的な理由) 1点 Effective counterarguments (効果的な反論)

1 肯定側 (30sec)	2 否定側 (30sec)	3 肯定側 (30sec)	4 否定側 (30sec)
2 useful in cities easy to find friends in many people	3 Not useful in country More expensive than telephone	3 Cheaper plans for students	2 Dangerous sites for young people
1 I have a mobile phone and I like it.	2	2 something to communicate after dark	2 Electric wave is bad for health
合計 肯定1 ( ) +3 ( ) = ( )	否定 2 ( ) = ( )	肯定 2 ( ) +4 ( ) = ( )	否定 2 ( ) = ( )

◆Your turn

1 肯定側 (30sec)	2 否定側 (30sec)	3 肯定側 (30sec)	4 否定側 (30sec)

合計 肯定 (   ) 否定 (   )

ミニディベート（Talking Match）① 入門版（WPMが多い方が勝ち！）

Class (6-   ) No. (   ) Name (   )
◆1vs 1（wpmが多い方が勝ち）1試合2分 ①肯定（30秒）②否定（30秒）③肯定（30秒）④否定（30秒）

(1) Brainstorming① ～トピックのgood pointsとbad pointsをできるだけ多く書きだす～

	1 Example		2 Your turn	
Topic	Mobile phones, good or bad?		Topic	
+ good points	・useful in cities ・safe after dark		+ good points	
	アイデアはできるだけ多く出す 英語のキーワードでよい			
- bad points	・expensive - cannot use often ・manners in trains / buses		- bad points	

(2) Brainstorming② ～相手の反論を予測～

・(1)で考えた主要ポイントへの反論
・文で書かずに簡潔に
・Talking Match でこのメモを見てよい

Topic position	+ （affirmative side）		- （negative side）	
1	useful in cities	↔	not useful in country	
2	safe after dark	↔	dangerous sites for children	
3	cheaper plans for students	↔	more expensive than telephone	
4	most people use quietly	↔	bad manners in trains / buses	

◆Your turn

Topic position	+ （affirmative side）		- （negative side）	
1		↔		
2		↔		
3		↔		

(3) 4人1グループの役割とWPMスコア ＊(   )内はワードカウンターで数えたwpmを2回分書き込む。

Name		1	2	3	4
Match	1st	debater（肯定）( )wpm	debater（否定）( )wpm	judge	judge
	2nd	judge	judge	debater（肯定）( )wpm	debater（否定）( )wpm
	3rd	debater（否定）( )wpm	debater（肯定）( )wpm	judge	judge
	4th	judge	judge	debater（否定）( )wpm	debater（肯定）( )wpm

【授業編】4技能を育てるアクティブ・ラーニング型授業モデル

ディベート　成功のコツ

- ディベートやディスカッションは，英作文で扱ったトピックを使うとやりやすい。
  例）Are you for or against wearing school uniforms?
- ディベートに慣れる初期段階では先生が必要に応じて介入することも必要。
  例①）生徒の英語がよくわからないときに maybe～と言って「言い直し」をする。
  例②）答え方がわからない生徒に対して，I want to go to Australia. と「例」を示す。
- その場で肯定 For・否定側 Against を決める（代表者がくじを引く）。
- 約束事を伝える。　例）Speak clearly with a loud voice　など
- 相手の意見を踏まえての発言を促す（汎用的な言語スキルの育成）。
  「They say that ～, but …と言うとハイスコアです」（と言って使用を促す）。
- 相手の意見を聞いてメモする時間を取る（全員に書く活動を保証）。
- 生徒にとって難しそうな語は意味を全体に英語で確認する。
  例）Do you understand "anywhere"?　Then what does "anywhere" mean?
- ディベートで生じる課題に対する工夫をあらかじめ考えておく。
  - 例①）一人ひとりの活動量が下がらないようにする（グループの人数を減らすなど）。
  - 例②）相手に聞かせる発話になるよう指導する（棒読みやブツ切れ読みを防ぐ）。
  - 例③）覚えた英文を言うだけの「スピーチ」状態はできるだけ避ける。
- 英語をゆっくり話したり「ジェスチャー」をつけて話すと聞きやすくなる。
  例）but と言うときに手で×をするジェスチャーをするなど。
- ディベートの最後の「講評」も生徒が英語ですることを目指す。

ディベート後の生徒の感想（振り返りより）

- はじめてミニディベートをして，はじめは難しかったけど，**やり方がわかるとすごく楽しかった**です。
- だんだん難しくなってきたけれども，**とても英語力がつく**なと思いました。
- 英語でのディベートは新鮮だった。**下準備がちゃんとできれば楽しい**と思う。
- 相手の意見に対する**反論を考えるので難しかった**。もっと**論理的な文章**を組み立てられるようになりたい。
- 準備した文を話すのはできるけれど，**即興は難しくあいまいな表現**になってしまう。
- 賛成意見と反対意見を考えることで，**考え方が広がって良かった**です。

❼ 創造・提案する「創造・提案型プレゼン」

→ 取り組みの紹介

　単元を学習する度に，最後に「英作文」で考えをまとめる経験を重ねると，生徒は自分の意見を持ちやすくなります。さらに，「考えをまとめる」だけでなく，「創造性」を刺激する「提案性」のある作文に取り組むと，学習を知的に楽しく深くできます（p.50～51参照）。「バイオミミクリー」という単元では次の課題に取り組みました。

> 「バイオミミクリー」とは何ですか。また，なぜ今それに注目する必要があるのですか。さらに，あなたがバイオミミクリーの例を１つ企業に提案するとしたら，どのようなものを挙げますか。使い方や効用も含めて50～80語程度の英語で書きなさい（イラスト付）。

　この課題の目的は２つです。前半の「～は何ですか」「なぜ～ですか」は，教科書本文の要約による内容理解がねらいです。後半の「企業に提案」は，創造性の活用です。人と違うものを提案し，実際に活用できるかもしれないと考えると生徒はより主体的になります。回答例です。

> To survive on the earh, we imitate nature. This is biomimicry. I would suggest that we imitate the fireflies' light. They are made by the fireflies' chemical substances. When the fireflies give off light, they make only slight heat. If we apply this light for every light, we will be able to cut a lot of Co2.（生徒の作文）

→ 指導の手順

❶単元の最後に行う課題を設定して，生徒に先に伝えておく（この単元の最後には～）。
❷単元の学習を進めながら，生徒は各自で図書館やインターネットで情報収集を続ける。
❸英作文をする（定期考査にも出題して正確性と提案性を高める）。
❹イラストをつけてプレゼン発表会をする。

→ 指導のポイント

● プレゼンはとても盛り上がる。普段，英語があまり得意でない生徒も，イラストを描いたり，見せ方を工夫するなどしていて，見る方も楽しい。
● スピーチ形式だけでなく，「モノ」を持ち込んでプレゼンさせると，将来必要なプレゼン能力を高めることにもつながる。生徒は他にも次のような工夫をしていた。

> ● Look at this. と言ってイラストを見せる。Goood Point1，2，3と，文字を見せつつ語る。
> ● キーワードを「付箋」に書き，それを発表しつつ貼っていく。

生徒の提案文をプリントにする（楽しく読み取る素材文になる）

Biomimicry 提案英作文のまとめ（5年　L.7　）

以下は生徒の英作文やイラストに Q を加えたものです。将来製品化されそうなものもありますよ。

【自由英作文の題】「バイオミミクリー」とは何ですか。また，今なぜそれに注目する必要があるのですか。さらに，あなたがバイオミミクリーの例を1つ企業に提案するとしたら，どのようなものを挙げますか。使い方や効用なども含めて50〜80語程度の英語で論じなさい。

①To survive on the earth, we imitate nature. This is biomimicry.　I would suggest that we imitate the fireflies' light.　They are made by the fireflies chemical substances.　When the fireflies give off light, they make only slight heat.　If we apply this light for every light, we will be able to cut a lot of Co2.（T） ■何をどう活用？なぜ？メリットや目的・意義は？	ホタルの イラスト
②Biomimicry is to imitate nature and sustain our life.　It can help not only by sustain nature but also by developing technology.　If I could suggest something, I would want to take advantage of the supersonic waves of bats.　Bats can find their food with supersonic waves.　If we can use this ability when we drive, we will find and avoid obstacles in any direction.　（H） ■何をどう活用？なぜ？メリットや目的・意義は？	コウモリの イラスト
③Now we destroy the nature of the earth.　We should observe creatures and must sustain the environment for our future.　For example, the cockroach's body is covered with oil, so they can't get dirty.　I would suggest that this characteristic could be used for boots.　If people wear boots, they easily get dirty because of mud and soil.　But if this characteristic is used on boots, people can walk anywhere and not worry about getting dirty.　（M） ■何をどう活用？なぜ？メリットや目的・意義は？	ゴキブリの イラスト （要注意）
④Biomimicry is imitating and using the characteristics of nature and animals.　The reason why we need to pay attention to it is that the world we live in may be destroyed by ourselves if we live in an ordinary way.　I would suggest an example of it, which is a spider's web. It can catch other insects by its adhesion.　I think this characteristic can be used as a life supporting net.　（Y） ■何をどう活用？なぜ？メリットや目的・意義は？	クモの巣の イラスト
⑤Biomimicry is to make our technology conform to nature.　We humans must learn how to sustain our environment.　Owls are active at night.　They fly quietly without being noticed by their prey because their wings are flexible.　People who live near airports are bothered by the noise of planes. If it were to be as quiet as owls, people could have a comfortable table life.　(O) ■何をどう活用？なぜ？メリットや目的・意義は？	フクロウの イラスト
⑥Technology is useful but it can be harmful to the environment.　So we imitate features of plants and animals, and we have to live together in the environment.　If I could suggest a case of biomimicry to a company, I would suggest shoes using cushions like cat's paw pads.　Cats can jump high and move because they have paw pads absorbing impacts.　If senior people and mountaineers wear these shoes, they can walk and climb easily.　(Y) ■何をどう活用？なぜ？メリットや目的・意義は？	ネコの肉球の イラスト

8 複数レッスンをつなげる「『創造』してリテリング（チャット）」

→ 取り組みの紹介

1レッスンのリテリングだけでなく，学期末や年度末には，即習の「複数レッスン」をつなげて話をすると，「関係性」や「創造性」など，ALに求められる「高次な思考」を鍛える知的好奇心をくすぐる取り組みになります。

→ 指導の手順

❶生徒に「より深化（進化）したリテリング（チャット）に挑戦しよう！」と伝える。
❷やり方を以下のように説明する。

> ①ペアになり，自分たちで全レッスンから好きなレッスンを２つ選ぶ（自己選択）。
> ②２つのレッスンの共通点や相違点や関係性を見つける（日本語可，思考力，発見力）。
> 　教師が日本語で例示すると，生徒はどのような話をすればいいのか理解しやすい。
> ③練習タイム（５分間）：どのような練習をするのかペアで決める（自己選択）。
> ④決めた練習方法に沿って発表練習をする（５分間，音読するなどして発表準備）。
> ⑤ペアで日本語で発表練習する（２分間を体験，日本語だとやり取りが深まる）。
> ⑥反省点を活かして，英語で練習する。
> ⑦２ペアで４人グループになり，片ペアずつ発表する（聞き側は発見した「つながり」を伝える）。
> ⑧全体発表後に振り返りを書く（感じたこと，どんなつながりにしたか，次に向けての課題）。

❸活動後に趣旨を伝える（p.50～51参照）。

> 「今日は高次な思考力をつける練習をしました。高次な思考力とは，分析，統合，創造，提案などです。逆に暗記，理解，再生などは低次な思考力とされています（p.50参照）。あるものを暗記し再生するだけでは十分ではなく（それらはパソコンの方が格段に優れている）今後は，それらを組み合わせて新しいものを創り出すイノベーションの力が社会でも求められているのです」

→ 指導のポイント

●今回のポイントは「自己選択」「発表」「（高次な）思考力」「創造性」「挑戦」などにある。

生徒の感想例

> ２つの話の共通点をどうつなげるか，また，まとめるかを考えるのは難しいがおもしろい。L.4とL.7で「成功する人はgritを持つこと」を共通点とした。L.4は「気骨」を，L.7は「ひらめき」を重視し，「どちらも大切でほしいもの」。共通点を考えるのに創造力を使った。

❾ 実社会・実生活とリンクする「ユニバーサルデザイン」

→ 取り組みの紹介

　長文読解の授業をAL型授業に変えるには，長文から得た知識を生徒が活用する「単元デザイン」が不可欠です。例えば，読んだ内容について「共感できるか，できないか」を根拠とともに述べるだけでも，生徒は理解した内容と知識，経験を統合して思考します（高次の思考）。生徒が年度末アンケートで「最も力が伸びたレッスン」に投票した中から，「ユニバーサルデザイン」（以下，UD）に関する教材を例に挙げてみます。ポイントは，授業で学んだことを，「生徒の生活で活用」するところにあります。最後の表現活動は，「身の回りにあるUDを英語で説明する」か「身の回りにある問題点を見つけ，UDによる解決策を紹介する」のどちらかを自己選択できるようにしました（自律性, p.19参照）。

→ 指導の手順

❶導入で，生徒がよく使う駅構内の写真を提示する。

　「この写真にはいくつUDがありますか」と教師が発問し，生徒はペアで探す。生徒にとって身近な写真を提示することで，教材が生徒の生活に関連していることに気づかせる。教材の「自己関連づけ」が行われると，生徒は教材に関心を持ちやすい。また，教師が写真にあるUDを英語で説明することで，生徒の表現活動のモデル（布石）になる。

❷教材の内容を理解する。

　New Wordsの確認，Q&A，文構造が難しい文の確認，行間を問う，音読活動を行う。

❸UDが紹介されているページではリテリングをする。

> ●内容を思い出すのに必要なキーワードを自分で抜き出す。
> ●キーワードの種類や語数は，生徒の実態によって変える。
> ●このリテリングが，表現活動の練習（リハーサル）になっている。

❹題材を使い，表現活動をする。

　2つのテーマ（「身の回りにあるUDを見つけて説明」か「身の回りにある問題点を見つけ，UDによる解決策を紹介」）から1つ自己選択する。生徒は，B4サイズの紙に描いた絵を見せながら，英語で説明をする。小グループで発表後，代表を1つ選ぶ。各グループの代表者がクラス全体で発表する。

❺解決策を考えた作品は，UDコンクールに応募しても良い（社会的学習）。

❻単元を通して学んだことを，生徒は文章で振り返る。

→ 指導のポイント

- 表現活動により，長文読解で得た知識と生徒の経験を結びつけることができる。生徒は振り返りで，「身の回りの物はほとんど UD であることに気づかされた」や「UD であふれているが，それでもバリアはある」と新たな問いにつながる意見を書いていた。
- 表現活動は必ずペア・グループで交流する。そして「どこが良かったか」「代表は誰がふさわしいか。その理由は何か」などの振り返りを行う。ここで各自が振り返りをしっかりすることで，気付き・学びが生まれ，次回の表現活動の質を向上させることにつながる。発表はやりっぱなしにしないことが大切（p.50参照）。
- 今回，地元の UD コンクールに応募し，2位をとった生徒の作品は，電車のつり革を UD 化したもの。つり革の長さを調節できるボタンをつけた。これにより，背の高い人には邪魔になるのを防ぎ，背の低い人も十分に使える長さになる。そのため，つり革は少し高めのところに設置されている。その生徒がクラスで発表をした後に，興味深い Q&A が展開されたので紹介する。ある生徒が次のような質問をした。

> 「背の低い人は，そのつり革に届かないから，ボタンを押して調節できないのではないですか」
> どのように答えるのか，その様子を見ていると，発表した生徒は次のように答えた。
> 「UD で便利になればなるほど，人とのコミュニケーションが減っていると思います。そのようなときこそ，『ボタンを押してもらってもいいですか』や『ボタンを押しましょうか』というコミュニケーションが生まれるのです」

生徒がそこまで考えていることに驚いた。別の生徒は，車いす生活の母親に直接，「何か困ることはないか」と話を聞いていた。また，手の不自由な人には缶詰が空けにくいのではないかと考え，UD 商品を考えた人もいる。これらの生徒は，立場を変えて思考し，問題解決策を考えたのである。教室での学習が生活と結びついた社会的な学習となっている。

導入で提示した写真

UD コンテストに応募した生徒作品例

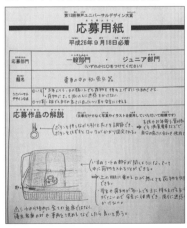

❿ be going to と実物パンフレットを使って「海外旅行プラン」作り

→ 取り組みの紹介

　教室に実物を持ち込むと生徒の関心は大きく高まります（能動的な授業参加）。例えば中学校で「未来の表現」（willやbe going to〜）を学習したときに「本物の旅行パンフレット」を使って「海外旅行プランを作ろう」というプロジェクトができます。「実物を使う」「実生活に関連する」「自分で訪問地や内容を決定する」「パソコンで調べる」「人に発表する」などの点で，アクティブ・ラーニング型の授業になります（なお，この取り組みは関西外国語大学の中嶋洋一先生の実践を参考にさせていただきました）。

→ 指導の手順

❶旅行業者に頼んで，すでに期限が過ぎているパンフレットなどをいただく。
　できるだけ多くの国のものを集めておくと，生徒の多様な希望に対応できる。
❷授業でやり方や目標をガイダンスする（この時点から生徒はワクワクする）。
❸パンフレットやパソコンを活用しながら自分の旅行プランについて練り上げていく。
❹グループ内で発表し合う（振り返りをして精度を高めて考査に向かう）。

→ 指導のポイント

●次のワークシートは1日プランのもの。時間があると2〜3日プランも可能。

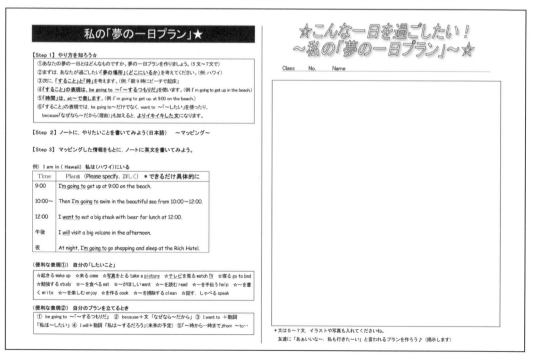

⓫ 本物の英語に触れる「ALT とのディスカッション」

→ 取り組みの紹介

　ネイティブが活躍する授業も生徒をアクティブにします。普段から ALT がいない授業でも英語でのディスカッションなどを取り入れて英語活用力を鍛えられたら，次の発展として，ALT との TT によるディスカッション授業はいかがでしょうか。私のお勧めは「授業の一部」を ALT に任せる方式です。例えば「ディスカッションの部分は任せたので，よく教科書を読んでリサーチをして，生徒が学んだ表現を使いながら，かつ考えてみたくなるようなトピックを設定して盛り上がるディスカッションにしてね」と事前に頼んでおきます（注文が多いですが…）。ALT がディスカッションの授業を担当することにはメリットがあります。生徒にとってはインターナショナルスクールのような体験ができ，ALT 中心に授業を進めるので ALT 自身も授業に対して主体的になります（Active Leaing Teacher?）。さらに，私たち JTE にとっても ALT から指導法を学んだり，彼らの指導中に生徒を観察できたりします。

→ 指導の手順

❶ Review Reading (6 min)
❷ Retelling (2 min)
❸ Watching videos (7 min)
❹ Listening
❺ Discussion ①（1テーマ　2 min）
❻ Discussion ②（1テーマ　4 min）
❼ Writing → homework

→ 指導のポイント

● ALT に授業の一部を任せる，と紹介したが，これにはいくつかの留意点がある。

> ●事前に自分の授業の様子を参観してもらい，育てたい力や授業観を知っておいてもらう。
> 　（ALT との TT のときだけいつもと大きく異なる授業では単発式になってしまう。）
> ● ALT との授業だけ英語を使うのではなくて普段から使っていて，「ALT との授業のときでも英語を使って活躍できるように普段の授業を頑張ろう」と生徒に伝えておく。
> ● JTE は ALT より生徒の特徴を活かした授業スタイルについてよく知っているのでアドバイスをする。例えば，ALT と1対1で話す前にペアで話をさせておくと黙らずにすむ，とか，ディスカッションは立ってやる方が集中して盛り上がるなど（次頁参照）。

- ALTとのTTを成功させるポイントは以下がある。

  - ALTの発問（英語）が長いと生徒は理解しづらい。
    一般的には，英語での発問は（日本語もだが）短く，簡潔にした方が通じやすい。
  - 発問後に，具体例を紹介すると生徒は話しやすくなる。
    例えば，「（ある状況について）どう思うか」と英語で問いかけた後に，「例えば，ある人はオランウータンが絶滅するのは関係ないと思うかも知れないし，また別の人は〜」と，英語で具体例を挙げると，生徒は理解して英語で発話しやすくなる。
  - 日本語で話してしまうグループにどのような声かけをすると良いか。
    そのグループに近づき，Do you understand the discussion topic? と聞き，Yes. と答えれば，Now try to discuss in English と声かけをすると，英語を使う人が増える。
  - ディスカッションは，話をする時間を設定して始める。
    大型タイマーを掲示して「2分」などと伝えると，時間内に意見をまとめようと思う。
  - 自主発言できる生徒を増やすにはどうすればいいか。
    ディスカッション後にALTが生徒に意見を言うよう挙手を促してもなかなか出ないことがある（日本人の典型か）。何とか挙手できる生徒に育てたいと思う。うまくいった方法の1つは，生徒にMistakes, no problem. と繰り返すこと。「ミスは問題ない。トライするからうまくなる。トライしてミスをするのは野球も同じ（野球部の生徒を見る）。あのイチローでさえ，10回打っても7回はミスする。ミスしてもトライする人がうまくなる」と英語で伝えると，生徒は意欲を増したようで，英語で話し始めたことがある。ALTは「よい比喩だった」と言っていた。他にも，全体に言う前に，ペアで同じトピックで英語で話してから発表してもらう，という方法（Think-Pair-Share）もある。
  - ディスカッションは，繰り返すと慣れる。2回目には英語でするグループが増える。
  - ALTとのディスカッション授業を成功させるために普段の授業で心がけておくこと。
    ALTとのディスカッション授業を成功させるために必要なことは，①ペアワークだけでなく，グループワークでのフリーディスカッションに慣れる，②自ら挙手して発表する形に慣れる，③英語で少し長めの指示にも慣れること。
  - ALTとのディスカッション授業をやって良い点
    留学したような体験ができるし，何より，英語を使うことを主眼に置いた授業が学校で体験できる。
  - ALTとのTTを単発にさせず意義あるものにする工夫
    毎レッスンの最後のまとめの時間にALTとのTTを行う。その中で生徒はディスカッションをして発表することを目標に，それに向けて普段の授業の中でリテリングやディスカッションを通してスピーキング練習をしていけば，良い目標になる。

⓬ 本物の英語に触れる「海外ニュースやサイトを使った本物学習」

→ 取り組みの紹介

　生徒に「英語サイトや英語ニュースなどのオーセンティックな英語に触れさせたい」と思っても，準備が大変でつい尻込みをしてしまうことも多いかと思います。そんなときに手助けになるのが，『CNN English Express』（朝日出版社）の「デジタル教材プロジェクト」です。これは，登録すると1年間毎月2回，CNNのニュースやハンドアウト，動画や音声などのデジタル教材を定期配信してもらえるシステムです。これだけでも十分ですが，私はさらに英語版Wikipediaや各種英語サイトを参考にして「4技能統合型」かつ「英語を使って世界とつながる」「調べ方の学習」をメインにして，次のようなマララさんの授業を実施しました。

→ 指導の手順

❶英語ニュースのリスニングをする（映像は見せない）。生徒心理：「難しいなぁ」
　●必要に応じてヒントを出す（例：ノーベル賞）　●ペアで聞き取り確認＆助け合い
❷ニュースの動画を見る。生徒心理：「少し，わかった。でもわからない部分もある」
❸ハンドアウトを配布しscriptを見ながら聞く。生徒心理：「そういうことか（安心）」
❹内容理解（QA・TF）生徒心理：「速読の練習になる。少し悩む問題もあるけれど」
❺New Words
　●一度ペアで英文を音読する。生徒心理：「読みにくい単語があるな」（課題意識）
　●New Wordsの練習　●個人練習　●ペアで覚えたかをチェック
❻音読練習
　●自力音読（生徒心理：「今度は読めたぞ」）　●ニュースと重ね読み（ゆっくり版と早口版）
　●ペアで交互にretelling（生徒心理：「けっこう話せるな」）
❼課題意識（調べ方の学習）
　教師：「そもそもマララさんってどんな人？」「調べたいときには何でどう調べる？」
❽Wikipediaの英語版（深める）
　●Wikipediaには2種類ある。通常版とSimple English版。
　●Simple Englishで書かれたWebsiteを読む。3分間で情報のスキャニング。
　●取った情報は英語でNote欄にメモ（情報交流）　●メモをもとにリテリング。
❾Movie視聴①（深める）　生徒心理：（国連での演説の様子を見て）「すごい」
❿英語で書かれたサイトで彼女が11歳で寄せたblogを英語で読む。
　（戦争状態にあったこと，明日から冬休みという状況にあることを理解）
⓫Movie視聴②（深める）ノーベル平和賞でのスピーチの様子を見る。
⓬Chain Writing（Reading + Writing）

- 自分の考えを書く（英語）＋ 他の人の意見を読んで感想を書く
- その感想を読んで次の人が英語で感想を書く

❸振り返りを書く（授業でわかったこと，気づいたこと，思ったこと）。

→ 指導のポイント

- 提供された教材は，設定するねらいにより展開を変える。今回は「４技能」や「調べ方の学習」「オーセンティックな英文に触れる」を目的としたので，発表は簡単にリテリングですませている。表現力育成が目的なら，最後に発表を位置づけるなど展開を変える。

準備したもの

- CNN 関連資料：音声，ニュース動画，ハンドアウト
- マララさんの写真
- BBC に寄せた当時のブログ（英語で読む）
  http://www.bbc.com/news/magazine-19899540 （2016年1月現在）
- Wiki の英語版（マララさんについて知る・情報蓄積）：
  Simple English Wikipedia　Malala Yousafzai
  https://simple.wikipedia.org/wiki/Malala_Yousafzai （2016年1月現在）

生徒の感想

- I took it for granted that we can go to school and study. So I was sometimes lazy to study. But I found this thing very foolish because I know those who want to study but they can't. So I thank my wealthy situation and study hard.（原文のまま）
- 自分と同じ年齢の少女が世界で英語を使って自分の意見を述べ，世界を変えようとしている姿に心を打たれました。私ももっと英語を使えるようになりたいと思いました。
- I found that it is too difficult for me to understand native English news. And I realized again we have to pay attention to all over the world. Still now, there are a lot of international problems. So I should study English more and act to make the world well.（原文のまま）
- 英語を学ぶことで日本という枠組みを超えて世界のいろんな事を知ることができた。世界はとても広く自分が何も知らないことを教えてくれた。これからも視野を広げたい。
- コミュ英では英語を学ぶだけでなく，今日のように，マララさんや世界で起きていることについて学ぶことができたのがとても良い経験です。英語を使って理解できました。

＊「デジタル教材プロジェクト」は2016年4月より商品化された仕様が変更になる。詳細はサイトを参照（2016年1月現在）。
http://www.asahipress.com/ee/worksheetsample/

授業で使用したワークシート（2枚を両面に印刷して1枚で使用）

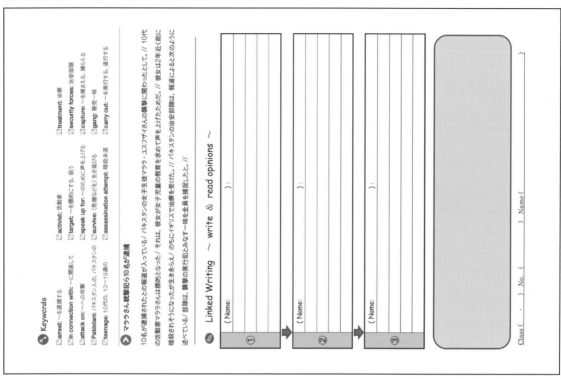

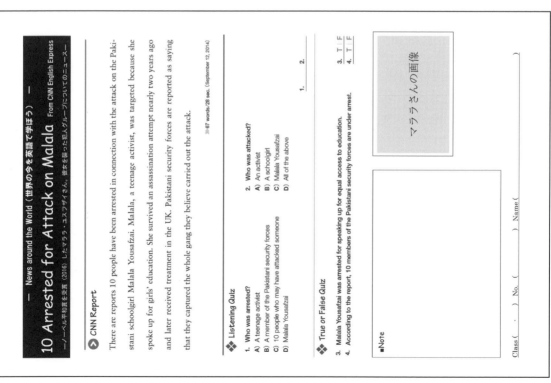

『CNN English Express』から提供されたものに Linked Writing 部分を加筆

⑬ ICTを活用する「ICTを活用して写真でひとこと」

→ 取り組みの紹介

　教室にICT機器を持ち込んで授業をしている方や，これから活用してみたいとお考えの先生も多いと思います。しかし，スライドを作ったりするのは慣れるまでは手間もかかるので，手軽に活用できる工夫がないと，継続的に使っていくことは難しいかもしれません。

　一方で，「ICTで教材を作る」と聞くと，「文法説明のスライドを作る」といったように，必要なことを全部載せた教材を作ってしまうことも多いように思います。そうなると教師の説明時間の長い授業になりがちで，自然と生徒は受け身になってしまいがちです。ICTのCはCommunicationの略ですから，提示された教材によって，生徒の学習意欲や創造性が刺激され，言語活動が生まれていかないと，本来の意味で英語の授業でICTを活用したとは言えないかと思います。

　そこで提案したいのは，デジカメやタブレット機器などを使って撮影した写真を全体に提示して生徒に英文を考えさせる，というシンプルな活動です。工夫次第で，様々なバリエーションが考えられ，何より手軽に生徒の頭の中をアクティブにすることができます。

→ 指導の手順

❶素材となる写真を教師が撮影する。
❷生徒はスクリーンに提示された写真を見て，英文を考える（3分）。

> タイプ1　写真に写っている人物の気持ちになってセリフ（や心の叫び）を考える
> タイプ2　写真に写っている人物の行動を描写する（進行形・There is/are など）
> タイプ3　写真に写っている場面の前後のストーリーを説明する

❸ペアやグループになって，それぞれが考えた英語を発表する。
　●友だちの英文をより完璧なものにするために，文法の修正や内容的な助言をする。
❹グループ内で面白いものを1つ選んで，全体で発表する（シェア・振り返り）。
　●発表された英文を精査し，冠詞の使い方や時制などを改めて考える機会とする。

→ 指導のポイント

●撮影する写真はターゲットとなる文法事項を意識した場面でも良いが，既習事項を判断して活用する統合的な活動をねらいとするならば，文法項目にこだわらない方が多様な英語を引き出せる。また，生徒に写真を撮影させたり，複数の写真から選ばせるなど，生徒に自己決定させることも能動的な授業参加を促すことになる。
●タイプ1であれば，モノローグだけでなくスキットを書かせても良い。その場合は，その後

の活動において，ペアによるスキット練習，発表などより協働的な学びも可能になる。
- 写真に写るものは人物にかぎらず，モノや風景でも良い。モノの気持ちを考えるのも生徒の自由な発想や表現を刺激して楽しい。
- 考えた英文を，ノートに継続的に書かせておくことで，活きた英文の素材集になる。また，全体でシェアした「よい例文」もノートにストックさせておきたい。

タイプ1の発話例

（寝ている人）"I'm so sleepy…"
（隣の人）"Haha, she always sleeps in the lesson."

タイプ2の発話例

The girl is sleeping.

The boy is laughing at her.

Their classmate is reading a book.

タイプ3の発話例

Last night, Mariko studied for 4 hours and went to bed too late.

She didn't have a good sleep.

So she is sleepy now.

⑭ 人間関係づくりの手法を用いる「グループエンカウンター」

→ 取り組みの紹介

　中学1年生から2年生1学期の間に，生徒は現在形や過去形などを学びます。これらの表現では事実を書くことがほとんどですが，事実しか書けないと問題も生じます。日常生活には大きな驚きや発見がそれほど頻繁に起こるわけではないからです。そのような中で自己表現を続けていると，生徒はだんだん書く内容がなくなり，次第に書くことに疲れてきます。しかしそうした生徒の気持ちを「もっと書きたい！」と変えることができる時期があります。それが中学2年生の2学期です。この時期には if（もしも）や，未来を表す表現（ will, be going to ）などを習います。これらの文法事項で，生徒の表現したいという気持ちは一気に高まります。この活動はもともとグループエンカウンターの題材です。自分の意見を英語で表現し，お互いに考えをシェアしてまた練り上げる。まさにアクティブラーニングの活動となっています（同様の日本語版の活動は p.39～43参照）。

→ 指導の手順

❶活動のねらいを伝える（自分の考えを言う，お互いに認め合おうとする，など）。
❷「無人島 SOS」の現在の状況を伝え，リストのアイテムについて英語で説明する。
❸生徒はリストから必要だと思うものを8つ選び，必要だと思う順に番号をふる。
❹その理由を英語で書く。
❺4人程度のグループにして，リーダーを決める。
❻リーダーから時計回りに1人ずつ，一番必要なものから順番に，理由を添えて説明する（時間があまりない場合は上位4つについて説明するなど）。
❼グループ全員の意見を聞いたら，もう1度自分の順番を考える。人の意見を聞いて順番を変えても構わない。
❽表をもとにノートに英作文する。
❾考えたことや気づいたことについて振り返りをして全体で共有する。

→ 指導のポイント

- if, because, I think (that) ～, will などを学習したのちに活動させると効果的である。
- 英語でやるのが難しそうなときには，学級担任と連携し，事前に学級活動の時間に日本語版に取り組ませても良い（p.39～43参照）。
- 英語が苦手な生徒には順番だけをふらせ，友人のアイデアで共感できるものを真似して英作文させるなどの配慮をすると良い。

「無人島SOS」で使用するワークシート

A Desert Island SOS

Name (　　　　　　　　　　　　　　)

When you were traveling on a ship, a big storm came and destroyed the ship. Floating on the sea with the debris(残骸) of the ship, you arrived at an island with no people.
There is nothing but food and water.
What do you need to survive and escape from the island? Choose eight items from the list below and number them.

item	1st Order	Reason you choose	2nd Order
a knife and a fork			
a box of matches			
a pot			
an axe			
whisky			
rope			
a chart			
a tent			
a blanket			
a watch			
a radio			
medicine			
a sewing set			
a camera			
a pencil and paper			
a telescope			

振り返り

⑮ 学校外の課題・検定に挑戦する「英作文コンテストで審査表彰」

→ 取り組みの紹介

　授業やスピーチの準備で英作文を書くだけでなく，もう少し広いテーマで深く考える，いわゆる「探究的な課題」（高次の思考）について書くには，どうしたら良いでしょうか。

　私は，「夏休み課題の１つに自由英作文を課すこと」を提案します。全英連（全国英語教育連絡協議会）や県の研究会などでは毎年英作文コンテストが企画されています。それらへの出品を目標に，生徒に自由英作文を課すのです。生徒は時間をかけてこだわりの作品を作ります（能動的）。提出された中から優秀作品を選び，実際にコンテストに出品するとともに，それらの優秀作品は「校内コンテスト」と称して校内で発表して表彰まで行うという取り組みです。

→ 指導の手順

❶夏休みの課題で英作文を課す（全英連の要綱が参考になる）。
❷英作文の書き方のポイントやモデルを指導する（汎用的な言語スキルの育成）。
❸ALTも含めて教員で作品を読み優秀作品を選ぶ（10〜20程度，校内表彰対象）。
❹さらに10作品ほどに厳選してコンテストに出品する。
❺優秀作品に選ばれた生徒の許可を得て，コピーをして生徒に配布する。
❻校内コンテストの表彰会をする。

→ 指導のポイント

- 英作文はパソコンで作成させる。大学でのレポート作成の練習になる。修正，保管がしやすい。家にパソコンがない生徒には，学校のパソコン室で作業する日時を設ける。
- 県大会等への作品の出品だけでなく，校内でも結果を表彰することで，生徒のやる気を引き出す機会となる。頑張った生徒をたたえ，次に向けて頑張ってほしいという思いや，優秀作品を共有することで他の生徒の素晴らしさに触れて全体の底上げにつなげる。
- 優秀作品を他の生徒に紹介するときは，本人の許可を取ってから行う。

16　量やスピードを高度化する「1レッスン通し読み」

→ 取り組みの紹介

　あるとき，1セクションを1時間ずつ進み進める指導だけでは，生徒が触れる英文量が圧倒的に少ないことに気付きました。中学校3年生の教科書で1ページが70語程度なのに対し，高校入試では400語程度の長文。高校生の教科書は1ページ200〜300語に対し，センター試験の長文は700〜800語にもなります。普段の数倍の量が求められているのです。

　そこで，各レッスンの1時間目に，すべてのセクションを1レッスン分全て通して読む取り組みを考え，そのプリントを「通し読みプリント」と名付けました。この活動で伸ばしたい力は，「長文読解力」と「集中力」（粘り，あきらめない気持ち）です。生徒にとって長文を読むのは楽ではありませんが，続けることで実力テストや模試などで見る英文を短く感じるようになります。この取り組みを生徒が継続して頑張るには，WPM（1分あたりに読む語数）を測定して記録する用紙を作ることもやる気を継続する大切な工夫です。

→ 指導の手順

❶本文に関連する背景知識を活性化する（関連した話をするなど）。
　＊初見の英文を読む力を鍛えたい場合は，❶をとばしてもよい。
❷「通し読み」プリントの使い方を説明する。
　＊問題を解き終えたらタイムを記録する。後で正解数に応じてWPMを算出する。
❸早く終わった生徒がすることを板書で指示する。　例）●番をやっておくなど。
❹解く（中学校版はStep1〜3／高校版は表の内容理解と裏の200字日本語要約）
❺作成した要約をグループで回覧しベスト1を選ぶ（多様性・気づき）。

→ 指導のポイント

● 誰でも解答時間がわかるように，大きなタイマーを教室に持ち込むと良い（p.36参照）。
● 中学校版通し読みプリントは，次のStepで解答に気づく仕組みになっている。
　（内容はStep1はリスニング，Step2はディクテーション，Step3はリーディング）
● 問題の解答をしてWPMを算出したらプリントを提出させる。そのときに「今日の最高は90WPMでした」と伝えると「え〜！」というどよめきの声が起こる。いつも英語ができると思っている人ではなく，別の人のWPMだと知ると生徒はさらに驚く。
● TFや選択問題だけだと英文を読まなくても正解となることがある。これを防ぐためには，根拠英文を一緒に書かせると良い。「（　　）行目〜（　　）行目」と書かせる。

通し読みプリント例・中学校（例として自作英文を使用）

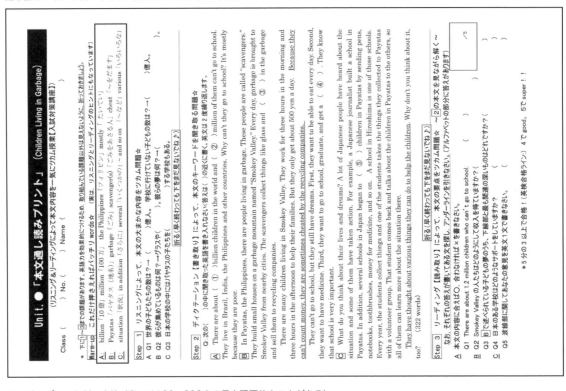

通し読みプリント例・高校（裏には100〜200字の日本語要約タスクがある）

⓱ 長文演習は発信で終わる「長文演習,最後は発信まで!」

→ 取り組みの紹介

　入試前に行う長文読解演習においても,授業をアクティブ・ラーニング型にすることは可能です。個人的にはこのような形が今後求められてくるのでは,と思っています。この取り組みが生まれた背景は,生徒から「長文演習の解答や訳を授業の最後ではなく最初に配布してほしい。そうすれば先生の解説を聞きやすくなり,さらに時間が生まれて別の活動もできると思います」という要望を受け,解答例や訳を「中渡し」する授業方式を試みたことがきっかけです。その結果,生徒が授業中にお互い議論して自分たちで解に迫り,最後は読んだ英文を口頭で発信する「アクティブ・ラーニング型」の授業になったのです。

　流れや方法は次の通りです(なお,以下の流れは授業前に板書しておくと,生徒は見通しをもって授業に臨めます)。この長文読解演習の前提として,問題は家庭で解いておくように指示してあります。

→ 指導の手順

❶前時までの復習をする(単語や課題の確認など)。
❷本時の New Words の発音練習をする。
❸英文を個人で黙読する(内容を思い出す)。
❹グループになって,自分が解いて難しかった点や疑問点をお互いに話し合う。
　他の人がわからなかった点で自分が答えられそうな点はお互いに説明しあう。
❺(議論が止まったり解決できない点が出たところで)教師は解答を配布する。
　個人で丸付けをした後に,疑問点やわかったことなどをグループで話し合う。
❻教師からポイント解説をする(重要な点,不明点について理解を深めるため)。
❼長文をリスニングする(聞いてもわかるか,意味がとれると伸長感を感じる)。
　＊聞いて長文のイメージが描けない箇所は,復習が必要な箇所。
❽ペアになって1人ずつリテリングする(理解したことを英語で説明できる)。

→ 指導のポイント

● 長文読解演習はゴール設定がポイント。「長文は読んで終わりではない。長文のゴールは,読んだことを①「聞いてもわかる」(リスニング)と②「思いを付け加えて話せる」(リテリング)と伝える。リスニングは「聞いてわかるものは読んでもわかる」という原理から,リテリングは「本当に理解したとは説明できること」という原理に基づく。ともに文字で終わらず音声で終わることを目指すと,能動的な授業参加を促せる。
● 生徒は授業後に「なんか,大学の(ゼミの)授業みたいだった」と述べていた。

18 学びを統合するプロジェクト学習「英語新聞」

→ 取り組みの紹介

「英語新聞」という年度末の取組みは、簡単に言うと、「この1年間に取り組んできた英作文を再び1枚にまとめて、かっこよくレイアウトした英語新聞にしよう」というものです。1年間の学習を総復習して、自分の力とアイデアを総動員した学習を「残す」ことにつながります。生徒の「感性」や「想像力」、「自己表現力」に触れられる最高の1枚となります。

同時にこれは後輩にとっても、憧れとなり、学習の見本となるものです（廊下に掲示）。「一人ひとりのセンス・アイデア・英語力を発揮してほしい」と呼びかけ取り組みを開始します（なお、この取り組みは、青森県の高松智子先生から英語教育・達人セミナーで教わったものを参考にさせていただきました）。

→ 指導の手順

❶説明冊子を使って、概要を把握する。

❷好きな用紙を選ぶ（教師のレイアウト版or自分で自由にレイアウト版）。

❸英作文を考える（1年間書きためた英文を参考にしてもよい）。

❹下書き用紙に下書きを書く。イラストも簡単にレイアウトしておく。

❺先生のチェックを受ける。

❻清書用紙に清書する。お気に入りのイラスト等をしっかり描いて終了。

＊授業では5時間配当（毎時間20分程度）とし、残りは家庭学習とする。

＊ガイダンス(1)／英作文を考える(1)／下書き(1)／清書(2)。

→ 指導のポイント

- 生徒のモチベーションを高めるために，次のような取り組みを行う。

> - 見本をカラーで印刷して，黒板等に掲示する。
> - 自己選択できる部分を増やす（清書用紙を選べる，写真やイラストの貼付など）。
> - 文の量は無制限とする（読者に伝わるように書く）。
> - 完成したら後輩の廊下に貼り出す（制作前に伝えると責任感から主体性が増す）。

- 作成途中で，他の人の席を回って作品を自由に回覧できる時間を設ける（多様性）。
  これにより，「すげ〜」「わぁ〜」という声が刺激になり，新たな創作意欲につながる。
- 完成した作品は掲示後は保管しておく。次年度の末に取り組む際に振り返る。
  中3で卒業文集を作るときには，中1と中2の成果を振り返りながら作成する（2年間の英作文が詰まっているので，ある意味，「学びのポートフォリオ」となっている）。

中学1年生が3月に書いた英語新聞

⑲ 学びを統合するプロジェクト学習「リテリング年間 Review」

→ 取り組みの紹介

「リテリング」活動を継続してずいぶん話せていた英語も時がたつと話せなくなります。内容や表現を忘れてしまうからです。これを防ぐ取り組みが「リテリング年間 Review」です。これは、それまでに学んだ全単元を復習してリテリングやディスカッションをするものです。中学や高校3年生で入試演習をする時期も、授業最初の10分ほどでこの取り組みを続けると、楽しく既習事項を「復習」して「表現力」のアップにつながります。

→ 指導の手順

❶ 復習したい単元を生徒が自分で選ぶ（自己選択）。

> タイプ1　現在使っている教科書の中から好きな単元を選ぶ。
> タイプ2　過去に使った教科書でも問題集の長文でも、好きな英文を選ぶ。

❷ 5分間程度で各自音読する（音読しつつ意味をとり、後で話せるように練習する）。
全員がそれぞれ好きな単元を音読する。

❸ ペアになって（立って）発表練習をする。

> タイプ1　1人ずつリテリングする（1人は話して、もう1人は聞き手）。
> タイプ2　2人で（同じ単元を復習して）ディスカッションをする（協働性）。

❹ （立って）発表する。

> タイプ1　クラス全体の前に出て発表（Short Presentation, p.78参照）する。
> タイプ2　ペアを2つくっつけて、グループ発表をする。同時に多くの人が発表できる。

→ 指導のポイント

- どんな活動をするときも生徒に目的を伝えて気持ちの「ベクトル」を合わせる。
  今回の取り組みの目的は、「復習」と「表現力向上」。生徒は納得すると主体的になる。
- 復習音読時間の5分間は生徒には短い。そのため、「もっとうまくなりたい」と思って、家庭や授業前などで「授業外学習」を自ら行おうとする生徒が出てくる（与えすぎない）。
- 生徒の本気度を高めるために、「活動は立ってすること」と「最後に発表場面を入れること」がある。これだけでも集中して本気になって準備をするようになる。
- 中学校では、学期末や年度末に過去に学んだ表現を使って完全オリジナルのスキットを発表しあう「グループ年間創作スキット」も創造性（高次の思考）が発揮されておもしろい。

活動を通して学んだことを5に書き残すことで自分なりの発表 tips を蓄積できる

昔のレッスン，覚えている？
Retelling Sheet for 年間 Review

1 目的
① 【表現・内容の復習】これまでに習ったレッスンの表現や内容の復習をする。
② 【表現力の育成】復習した内容を活用して英語による表現力や発表力を高める。

2 取り組み内容（10分程度）
① 【音読】レッスン全体を復習音読する（次の SP 練習の準備）。（5分）
② 【SP 練習】ペアで SP(Short Presentation) 練習をする。（2分）
③ 【全体発表】代表ペアが SP 発表（グループ発表／全体発表）をする。（1分〜2分）

3 留意点・工夫
① 【範囲】取り組むレッスンは，L. 1〜8 とする（他にも，高1〜2教科書やセンター教材等も可能）。
② 【自己選択】ペアで好きなレッスンを選んで取り組むことができる。
③ 【発表】ペアでディスカッション風に行う（話す時間を対等に，意見やメッセージを入れて deep に）。
④ 【2度】同じペアで1レッスンを2度行う（2度目は精度アップ）。次のレッスンは新しいペアになる。
⑤ 【メモ】下の Memo 欄は，キーワードや後に調べたい単語などのメモに使う。
⑥ 【不安解消】授業当日だけの練習で心配な場合は，自宅や休憩中に音読練習をしておくのが効果的。

4 記録表

	1回目		2回目		Memo
	Date	Partner	Date	Partner	
Lesson 1	/		/		
Lesson 2	/		/		
Lesson 3	/		/		
Lesson 4	/		/		
Lesson 5	/		/		
Lesson 6	/		/		
Lesson 7	/		/		
Lesson 8	/		/		
他（　　）	/		/		
他（　　）	/		/		

5 取り組みから学んだこと・教訓（自分の発表，ペア活動や全体発表から学んだ「発表の工夫」をメモ）＊目標5つ以上

Part5 家庭学習編 Deep AL をさらに推進する！家庭学習の促し方

① アクティブ・ラーニングと「家庭学習（授業外学習）」

ここでの「家庭学習（授業外学習）」とは「授業時間以外での学習のすべて」を指すこととします。宿題，自主的な学習，塾や家庭教師，放課後の自主的な学習会なども含みます。

1 授業外学習はALの質を高める工夫

溝上（2014）によると，「アクティブラーニング型授業の質を高める工夫」の1つに「授業外学習時間」があります（他には「ディープ・アクティブラーニング」や「逆向き設計とアセスメント」「反転授業」などの例示があります。本書 p.50参照）。

2 家庭学習は学力を高める

「国立教育施策研究所」（2014）によると，「学習・生活習慣と学力との関係」において，以下のような児童生徒ほど，教科の平均正答率が高い傾向にあったということがわかりました。

家庭学習・読書
□学校の授業時間以外での学習時間が長い　□自分で計画を立てて勉強をする
□学校の宿題，授業の予習・復習をする
□読書が好き，読書時間が長い，学校や地域の図書館に行く頻度が多い

（出典）国立教育政策研究所（2014）「平成26年度全国学力・学習状況調査の結果」

また，次によると，「宿題」と「自主的な学習」の両方をするのが効果的のようです。

□模試の正答率が高い生徒は，「宿題」や「自主的な学習」をしている生徒が多い。
□「宿題」だけ，または，「自主的な学習」だけ取り組んでいる生徒よりも，「宿題」と「自主的な学習」の両方をしている生徒の方が，授業理解度，教科学力がともに高い。

（出典）ベネッセ教育開発センター（2008）「授業と家庭学習のリンクが子どもの学力を伸ばす」

3 目指す姿

以上より，私たちが目指すのは「自主的な学習だけをする生徒でなく，決められた宿題もするし，自主的な学習もする」生徒です。「与えられたこと＋α」をする力を育てることは，自分で伸びる社会人になるという観点からも大切です。

ただし，「予習」や「復習」に必要という理由で大量の宿題を課しすぎることには注意した方がよいでしょう。与えすぎは人を受け身にします。家庭学習指導を考えるうえでは，「学習習慣の確立」だけでなく「主体的な学習態度」への転換が必要な時代になってきたかと思います。その方策を次頁から考えていきましょう。

家庭学習指導の始め方

　ここでは，生徒の主体的な授業外学習を促す「家庭学習指導」を始めるにはどのような準備をしたら良いのか，準備から軌道に乗せるまでの取り組みをご紹介します（詳しくは拙著『英語家庭学習指導ガイドブック』〔明治図書〕をご参照ください）。

1 家庭学習指導の「目的」を定める

　まずは，具体的な指導を始める前に，家庭学習指導の「目的」や「目標」を設定することから始めましょう。目的が変われば指導方法が変わるからです。先生方は，家庭学習指導を通してどのような力を身につけさせたいでしょうか。私は次の3つと考えています。

> ①学習内容（学習内容を身につける）
> ②学習方法（学習方法を身につける）
> ③学習習慣（学習習慣を身につける）

　学習内容だけでなく，学習方法と学習習慣までを身につけさせたいと考えています。この3つを備えた生徒は，学習への不安感が薄れ，「自分で力を伸ばす術」を身につけ，学習に主体的に取り組んでいくことがわかったからです。さらに，これらの根本には，エンジンとしての「学習意欲」が必要と考え，これらを網羅的に促す取り組みを考えます。

2 家庭学習の「内容」や「方法」を決める

　家庭学習指導の目的が決まったら，その目的を達成するのに必要な「内容」や「方法」を考えます。例えば私は，家庭学習の基本メニューを「音読」と「ノート」に焦点化して，それぞれ「音練習」と「文字練習」として次のように4種類ずつ中高生に提示しています。

	中学生	高校生
音読	①朗読（意味を頭に描きつつ心を込めて読む） ②速音読（意味を理解しつつ「高速」音読する） ③通訳読み(日本語⇔英語を瞬時に行う) ④アナウンサー読み(Read and Look up)	＊p.114の「音読10箇条」参照
ノート	①まとめ（授業のポイントをまとめる） ②暗記練習（単語や文を書いて覚える） ③パターン練習（文の一部を変えて創作） ④自己表現（あるテーマで文章を書く）	①まとめ（要点を整理する） ②暗記（単語や文の音読筆写とテスト） ③演習（類題演習／創作文） ④表現（要約や自由英作文をする）

❸ 家庭学習の「頻度や量」を定める

ここは，各学校の様子で異なるかと思います。例えば，「ノート２ページと音読10回」程度を「毎日させたい」学校（時期）もあれば，「１週間に●ページ」のところもあるでしょう。

❹ 家庭学習の「手引き」を作る

次に，家庭学習の内容や方法をまとめた「家庭学習の手引き」（プリント）を作ります。指導事項が明確になり，さらに，他教科や保護者に配布することでお互いの考えを共有し合うことも可能です（高校生用の手引きは次頁参照。中学生用のノートの書き方の見本が入った詳細な手引きは前掲書をご参照ください。資料作りのたたき台としてご活用いただけます）。

❺ 家庭学習の仕方を教える「授業」をする

家庭学習指導を軌道に乗せるには，次の３つ（原則）を意識することがポイントです。

> ①「体験」（言葉で説明するだけでなく，実際にやり方や効果を体験してもらう）
> ②「仕組み」（何事も続けることは大変。生徒が学習を続けるような仕組みを考える）
> ③「サポート」（仕組みづくりだけでなく，生徒が学習を続けるサポートを続ける）

①の「体験」では，生徒に「やりなさい」と言うだけでは定着しないと考えて，やり方や効果を生徒に体験して実感してもらうことが大切です（家庭学習の実演例は，拙著DVD『意欲アップ！習慣定着！「楽しくて力のつく家庭学習法」』〔ジャパンライム社〕を参照）。

②の「仕組み」は，家庭学習を続けるには続け（たくな）る仕組みが必要ということです。「宿題を課したら確認する」「家庭学習を記録する」「テストをする」などです。

③の「サポート」とは，機械的な評価（ノートに検印を押すなど）だけでなく，感情面の励ましが大切ということです。例えば，「生徒の変化をとらえたコメントを書く」「良いノートは（本人の許可を得て）学年全体に紹介する」「学習が進まない生徒には一緒に学習するなどのサポートの時間をとる」などです。「愛するとはその人のために時間を使うこと」という言葉もあります。無理のない範囲でサポートに取り組んでいきましょう。

❻ 説明プリントをノートに「貼る」

「家庭学習の手引き（プリント）」を配布して説明した後は，ノートの表紙「裏」に貼るよう指示すると良いでしょう。必要なときに見やすくする「アクセスの工夫」です。

❼ 「授業・テスト・学級・学年」で指導する

家庭学習は単体で考えるより，授業やテストとリンクさせたり，学級や学年（他教科）と協力して指導したりすることで，さらに多くの生徒に定着しやすくなります（前掲書参照）。

資料① 家庭学習の手引き（高校生用）

*このプリントは、パワーアップノートの表紙裏に貼っておく（必要に応じて参照する）。

保存版 高校生のための英語家庭学習法 ～語彙＆ノート編～

1 英語は「勉強」であると同時に、「スポーツ」（技能）でもある

英語は勉強してできるようになる教科でもあるが、習った単語や文法を「スキー」（技術）や「スポーツ」（技能）がうまくなるように、使ってこなしていく「トレーニング」（練習）が欠かせない中身のあるものにしていく練習の、次の2つ。
① [音] 練習 ： 音読、CDを使った音読練習、リスニング練習、音読法など、自分で納得のいく音読練習を必ず行う。
② [文字] 練習 ： 単語や文構造、書く活動（英作文）など、書いて覚える、問題集等で問題を解く、文字練習後の復習には音読練習を必ず。

2 英語トレーニングのポイント（心構え）

英語は、どんなふうに構えて「どう学習するか」で成果が大きく変わる教科である、次をめざしたい。
① 英語力は「ゆっくりと上がる」（広島に高校生活の努力が必要、3ヶ月程度の中学英語に慣れるのと同じ）。
② 英語学習は、「英語力が伸びる3つの「やり方」を組み、3つの「やる気・やり方・やり続ける」
③ 習ったことは1日で7割程度（記憶曲線、復習なしのノートの50％）、英語力を上げるには、音読を活用にあるつもりで
④ 予習・復習は1日で7割程度（記憶曲線、復習なしのノートの50％）、英語力を上げるには、音読を活用にあるつもりで
⑤ 「音読力は英語力」（音読できない英語は聞き取れない話せない「型」「練習」に近い
⑥ 復習は、まとめる 型「覚える」型「解く」型「練習」型 がある。
⑦ 英語ノートは「ノート型」（見本：重要項目の整理「作品」型、練習、勉強「作品」「作品」「1時間の演出主に）。
⑧ 学習はノートに「書き出す」＜見本：重要表現や「作文」などは、先生に添削やサポートをしてもらう＞【要注意】

3 高校2年生のノート学習と提出物について

以下を重ね、各自家庭学習を進めること。
① 各教科の週課題（週末）は、課題ではないが、パワーアップと Vision Quest のワークの整理など。
② パワーアップノート（週末）は、指定された本文5ページ以上（1週間で1レッスン）＋表現伝聞の整理をする。
③ Vision Quest のワークノート＝本文に直して内容を、各自必要なノートに自学習をすること（自習計画を見直し、必要に応じて修正を行う。
【ユメタン関係】＝ユメタンの単語ごと、例文できた例（参考書を読む等に）問題のような次の例文を見ながら学習してきたこと
【英語表現月目標】1、2、3（前半）クラスは、4、5、6組（後半）は先生に、1、2、3（前半）クラスは（前半）は先生に時々見せる。

4 （1）音読トレーニング「音読の基本」「聞く力」「書く力」「話す」「読む」4種）（音読は英語力）（音読で英語力はアップする！「音読で英語を取れない」聞き取れない、長せない）

音読は、「話す力」だけでなく、「聞く力」や「書く力」もアップさせる！「音読は」「できないできる」に訳す、（1分で150～200語）、意味を理解しながら速く読めると、「リスニング力」もアップする！
① 朗読 ： できるだけ速く読む（1分で150～200語）、意味を理解しながら速く読めると、「リスニング力」もアップする！
② 速訳 ： 「日本語」を見て英語、「英語」を見て日本語に直す、訳音合わせでトレーニングする
③ 暗唱 ： 何も見ないで英語を正しく暗唱する（ただし、日本語訳を見ながらでもよい）＊暗唱できるかを時々チェックする（見ないで書く）

4 （2）音読トレーニング補足 ～ 教科書 CD を使ったトレーニング例 ～

① Repeating（リピーティング）（英文を一文聞いて、ストップして英語を真似して、繰り返す）
CD: I like soccer.（CDを一度ストップする）
自分: I like soccer.（聞こえた発音を真似して、繰り返す）
② Overlapping（オーバーラッピング）（英文、ストップせず、文字を見て、一緒に読む）
③ Shadowing（シャドウイング）（英文を聞きながら、文字を見ず、一瞬遅れて、少し後について音読する（影のように繰り返す））
＊音・文字・意味の3つを統合する練習

5 文字練習の基本！ノートレーニングのやり方

学習の流れは、①まとめ → ②暗記 → ③演習 →④表現 の順で進む。

① [まとめ] 授業プリントや参考書、教科書などから習った項目を自分なりに、主として直す。
まとめて復習しないこと（特に女子は多い）、まとめながら要点をチェックする、これでは力がつかない！
② [暗記] 覚えたい英文や単語を「音読」しながら、「聴写」する、音読・暗記は、なるべく速く！ 練習回数が増やす！
ア）ノートに「あーっ」と覚えたい英文を正しく書く。イ）その下に、音声を訳記、などぐらべ速く「暗唱」する。
ウ）仕上げに（例：見ないで）覚えたい英文を説明するなどで、書いて練習する。
③ [演習] 習ったことを参考に、問題集などで自分と定着させる、「文字で理解、口頭で理解」、内容を英語で説明したりする。
④ [表現] 習ったことを参考に、自分だから思ったこと、自分だからできる範囲で内容を英語で説明したりする。

6 ノートの書き方見本

＊先輩たちの実物（見本を見て、よいものはどんどん取り入れる。自由に学習する高まる効果のある演習例

◆【2 ユメタン練習の仕方】

[日本語] [テスト] [英語練習例]

＊（3）Vintage など問題集を使った問題集を使って効果の高い学習を行う。自由に先取り学習をしてもよい。
＊（1）～⑧の手順をよく読んで学習をしてください。

覚えたい英語は、「音読」しながらどんどん何度も書く
□単語の定期は、「暗記後の自己テスト」が欠かせない、
□暗唱練習は、先にテスト欄を作って行うといい。
［ノートに縦線を2本引く（3つの欄に分ける）
②左を右に日本語を書く ③一番右に英語を書く
④最後に真ん中のテスト欄で自己テストをする

No.	答	斜め処理欄	得点（ ）点
1	②		
2	2		
3	3		
:	:		
6	1		

① 日付・問題 No. を書く。
② 縦2本線を引く（No./答/等）
③ 問題番号を振る（同じ番号ふる）
④ 自力で解答する（時間をはかって）

⑤ 答え合わせ（○つけ、同途っていたら正解を書く）
⑥ 斜め処理をする（×ページの該当箇所を読み込みとる ○時間を音声で練習する 等）
⑦ 合計点記入
⑧ 問題番号に印をつける【重要】（不正解の問題に◆印、正解したか自信がなかった問題に△をつけて ×を中心に学習する／正解に◯をつけてもよい

【家庭学習編】Deep AL をさらに推進する！家庭学習の促し方

資料② 音読10箇条

【保存版】 英語力アップに役立つ！「音読10箇条」

英語を話せるようになるにはどうしたら良いでしょうか。それは，「瞬時に英語を口にする『英語反射神経』を鍛えること」で「音読こそが反射神経を鍛える最強の学習法」と，安河内哲也先生は言います。ただし，正しいやり方でなければ音の効果は見込めません。そこで，音読「10箇条」を紹介します。まずは①②から，できるようになったら③④⑤というように，順に取り組んでいきましょう。慣れたら③以降の練習は多少順番を入れ替えてもかまいません。この方法で音読練習を継続すれば，英語の反射神経が鍛えられ，「聴く」「読む」「話す」「書く」という4技能のコア（核）となる英語力が必ず身につきます！

☐ **準備**
音読練習をする際は，お手本となる音声が付いたCD付きの教材を使用する。

☐① **英文の構造や単語・熟語の意味を理解する**
当たり前だが，意味のわからない文章をいくら音読しても意味はない。まずは文章の構造，単語の意味などを調べて理解する。しかし，これを繰り返すだけでは，言語を使いこなす能力は身につかない。この後の音読による自動化が必要。

☐② **リピーティング**
音読の最初の段階で，正しい音声やイントネーションを覚える。CDを，意味のまとまりや1文ごとに区切って再生しリピートする。音読時はネイティブの音声を「ものまね」してリピートする。自己流のデタラメな発音にならないよう注意する。

☐③ **サイト・トランスレーション**
意味のまとまりで区切って日本語に瞬時に訳す練習のこと。例えば，An American company 米企業が／has shipped a robot ロボットを発送した／to Japan 日本に，となる。意味を考えずに英文を棒読みするのを防ぐ効果がある。英語を英語のまま理解するのが理想だが，直読直解に至る練習として日本語を使う。英文を和訳して理解する癖がつくので他の練習と組み合わせる。

☐④ **リード・アンド・ルックアップ**
英文を意味のまとまりや1文ごとに区切って音読して暗唱する。例えば，In other business news と音読（＝read）したら，顔を上げて（＝look up），In other business news と暗唱する。次の文（まとまり）も同様に繰り返す。簡単な作業だが，集中して読まないと覚えられない。文章構造を意識して話す練習になる。集中力や記憶力アップにも役立つ。

☐⑤ **音読筆写**
④のリード・アンド・ルックアップを口だけでなく手でも行う方法。In other business news と音読して暗唱したら，次にIn other business news とノートに書き写す。記憶力，集中力アップ，文章構造の理解，スペル学習や英作文対策にも効果あり。

☐⑥ **加速トレーニング（速音読）**
（正しい発音を身につけた後で）ストップウォッチ等を使って速く読む訓練をする。目・口を同時に素早く動かし英語の反射神経を育てる。意味理解がおろそかになる（デメリット）のでスピードを上げるためと割り切る。他の練習と組み合わせて行う。

☐⑦ **オーバーラッピング**
テキストを見つつ音声に合わせて音読する。目と耳と口を同時に使い反射神経が高まる。棒読みを防ぐため意味を考えて読む。

☐⑧ **シャドーイング**
音声を聴いてほぼ同時に，あるいは少し遅れて影のように声を出す方法（同時通訳者の練習法）。反射神経やリスニング力アップ，発音・イントネーションの矯正など学習効果抜群（意識しないと，意味を把握せずに読んでしまうおそれもある）。

☐⑨ **ショートプレゼンテーション（SP）**
短文の暗唱。文構造や意味，発音に注意し，自分の言葉として言えるまで練習する。この練習が「短文学習のゴール」。文法学習も同じで，解けることがゴールではない。文章を暗唱して自分の言葉として言えれば解答できるようになる。

☐⑩ **長文リスニング理解**
これが「長文学習のゴール」。音読練習の成果を確認する段階。ネイティブが読み上げる音声を聞いて音声と内容を100%理解する。聴いてわかる英文は読んでもわかる。この方法で，日本語を介在させずに一定の速度で理解できることを確認できる。

● 「音読10箇条」の練習法は，どれか1つではなく，組み合わせて行う（各方法のデメリットを補いメリットを活かす）。

● 最終目標は⑨と⑩を達成すること。さらに，実際に話す場数を増やす（授業，英会話，ALT，海外旅行，スカイプ英会話）。

（出典）安河内哲也「スピーキング力がつく！『英語反射神経』の鍛え方」『CNN English Express 2014年11月号』を要約

家庭学習に生徒が主体的に取り組む工夫

　もともと家庭学習（授業外学習）の本質は，各自が「もっとうまくなりたい」「もっと知りたい」と思って主体的に取り組むことです。本人が本気になって学ぶことで伸びるのです。その状況に近づけるために授業外学習を軌道に乗せる工夫があります。その一端をご紹介します。

1 授業と授業外学習をリンクする

　授業に「音読練習」や「リテリング練習」などを取り入れ，授業内にその「発表場面」をつくると，授業外でも事前に練習する生徒が増えてきます。

2 テストとリンクする

　テストとリンクするのも効果的です。例えば，「音読テスト」をすると授業外での音読練習量が急増します。ある課の音読テスト前後の練習回数（2クラス）を調べてみると，テスト前は1人平均16回，テスト後には35回で，平均19回も伸びていました。さらに，「定期テスト」に音読を促進する問題を入れることも効果的です（問題の詳細は拙著『授業で使える全テストを網羅！英語テストづくり＆指導　完全ガイドブック』〔明治図書〕をご参照ください）。

3 どうしてもやらない生徒の気持ちを理解する

　中には，宿題や提出物をどうしても出せない生徒もいます。こうした生徒の心理を把握することも教師として重要です。私は課題忘れをした生徒の作文（理由や今後の対策）を分析して「提出物を出さない生徒に共通する5つの理由」があることを発見しました。以下です。

- 「気にしない」（気にしましょう）　● 「知らない」（メモしましょう）
- 「物がない」（持ち帰りましょう）　● 「できない」（ヘルプしましょう）
- 「持ってこない」（やったのに惜しい）

彼らと話をすると次のようなことも明らかになりました。指導に有効な考えです。

- 年度当初はやる気になっている。
- やる気になっていても，1回忘れると「また忘れてもいいや」と思ってしまう。
- 「忘れたら成績が下がるよ」という言葉はあまり気にならない。保護者連絡は気になる。

続いて，主体的な授業外学習を促す4つの具体的な取り組みをご紹介します。

- ① 「単語の練習に燃える工夫」　●② 「音読練習に燃える工夫」　●③ 「問題演習に燃える工夫」
- ④ 「お勧め勉強法を紹介し合う工夫」

❶ 単語練習に主体的になる指導アイデア

　毎週１回朝に単語帳から単語テストを実施しています。ある週では前の週に比べて，各クラスの合格者率（70％以上で合格）が２倍以上にアップしました。一番伸びたクラスは10倍です。前の週に合格率が７％だったクラスがその週は70％になったのです。なぜそれほど伸びたのか，その秘訣を探ってみます。

（１）教員間での意識統一し，HRクラスの担任からも声かけをする。
　教職員（学年会）で話をし，単語学習の重要性と各クラスの合格率について意識統一（担任からの声かけは大きい）。「明日は単語のテストがあるぞ。頑張ろう」という声かけだけでもOK。

（２）「やった方がいい」「やらなきゃ損」と生徒自身が実感する。
　授業中に，岡山の目崎浩子先生が作成された資料（下）を使って「使用している単語帳の重要性」について話をする。これは，センター試験の過去問題に，ユメタンという単語帳から出た単語に赤と青の蛍光ペンで印をつけたもの。それを見れば，どれだけ多くの単語がセンター試験で出題されたのか，その単語集をしないとどれだけ損になるのか一目瞭然。

（３）自分が学習したら所属クラスの合格率が伸びる（視覚化）。
　クラスの合格者率（70％以上）を掲示する（自分が頑張るとクラスの数字が上がる）。
　＊不合格者に不合格課題を出して促す方法はとっていない。

（４）やる気が高まる時期をつかむ。
　夏休みや三者懇談前など，多くの人が「やらなきゃ」と気持ちが高まる時期をつかむ。

　「合格者率をクラスに掲示する」という手法だけでは伸びは続きません。他にも上記（１）〜（４）のような取り組みも大切です。何かを高めることは単純ではなく，複合的に取り組むことが重要です。

　不合格者に追加課題を強制的に課すことで，「いやなことを避けるために勉強する」というスタイルではなくて，「学習が役立つことがわかった」「自分の力を高めたい」「クラスの合格率を高めるためにも貢献したい」と思って自ら勉強しようとする，その結果，個人の得点も上がるというシステムが重要です。

センター試験の問題で使用中の英単語集の単語が出ている部分に蛍光ペンで印がしてある（岡山県立一宮高校　目崎浩子先生作成）。拡大コピーすると，単語集の重要性が一目瞭然。

❷ 音読練習に主体的になる指導アイデア

家庭学習指導「3原則」（p.112参照）に沿って，生徒の音読練習を促す工夫をご紹介します。

■1 「体験」に関する工夫

- ☐ 音読練習の具体的な方法を授業中に体感する（やり方と効果を実感する）。
- ☐ 家で一人でもできるように音読練習の仕方をプリント等にまとめる（p.114参照）。
- ☐ 音読の意義を教師自身の体験から熱く伝える（例：「スピードやイントネーションを鍛えるため，今でも毎朝通勤中にCDで英語を聞きながら同時音読している」等）。

■2 「システム」に関する工夫

- ☐ 音読の練習方法や音読回数を記録する欄をハンドアウト内に作る（読むたびに☐に✔する）。
- ☐ 授業中に個人での音読練習時間をとる（それも音読回数に入れて，音読練習を促す）。
- ☐ 授業中に音読練習の成果が発揮できる場面を取り入れる（例：本文のリテリング）。
- ☐ 「自主音読回数は評価にプラスα！」と伝える。
- ☐ 定期テストの前or後に「音読テスト」を実施する（家庭での練習が増える）。
- ☐ 定期テストに，音読すると点を取りやすい「単語戻し」や「英文戻し」を出題する。
- ☐ リテリングの実技テストを行う（イラストを見て英語で語るテスト）。

■3 「サポート」に関する工夫

- ☐ 音読回数をときおり調査し，他の生徒の動向，クラス平均等を全体に伝える（互いに刺激）。
- ☐ 音読テストの後に感想を書かせ，まとめて配布する（音読が役立つ風土を拡げる）。
- ☐ 音読回数が多かった生徒の回数を全体に伝えるなどしてモデルを示す。
- ☐ 優れた取り組み方を全体に紹介する。
- ☐ 少なかった生徒には，目安（1レッスン50回程度など）を伝える。

音読に関する生徒コメント

- 音読を積極的にするように言われて実際に家で継続してやってみたところ，本文理解がしっかりでき，スラスラ読めるようになりました。
- 自分が当たったときのために家での復習機会が増えた。今までよりテスト期間での総復習にかかる時間が減った。

❸ 問題演習に主体的になる指導アイデア

「先生，今週の週末課題はもう終わりました」「今は，熟語をやっています」「今年1年間でVintageを全部やります」このように生徒が週末課題などの自宅での問題演習に主体的になるポイントは何でしょう。挙げてみます。

- （やり方）問題演習の取り組み方を明確に示す（下のプリント参照）：やり方がわかる
- （視覚化）ノートに書く：やったことが残る（視覚化，明確化）
- （目標）学習目標を期限付きで示す：「この1年間で問題集を1周しよう」
- （目標）「問題集や単語集の定着には最低3周する」と伝える：目標回数の明示
- （意義）問題集の意義を伝える：センター試験の基礎力育成に適している
- （目標）センター基礎力について伝える：単語1500語，熟語1000，文法1000問　等
- （課題）週末課題とする：いつかやらなければいけない（早くやっておくとラッキー）
  *つまり，週末課題としてやるべき範囲は決められているが，それ以上進むのは各自の自由。早くやった方が学力も上がって得だと考えて生徒は取り組み始める。

言葉を換えると，生徒をやる気にするには，次のようなことがポイントとなります。

- 相手が達成したい目標達成に必要な要素を示す。
- それをやる意義やメリットを示す。
- やったら残るような仕組みをつくる。
- 効果的なやり方を示す。
- どちらにしてもいつかはやらなければいけないようにしておく。

❹ 生徒同士でお勧め勉強法を紹介する指導アイデア

　多くの生徒は「より良い勉強法を知りたい」と思っているので，生徒同士でお互いにお勧めの勉強法を紹介しあって学ぶのを応援することもできます。「自分がやってきた学習法で効果的だと思うもの」を書いてもらい，分類してまとめます。授業中にそのプリントを読みながら興味がある部分に下線を引いて，他の人と共有し，自分に役立てることができます。

これが知りたかった！　英語の効果的な学習法　【●年生版】

平成　年　月　日
自分

●●先生の英語学習アンケート（オススメできる効果的な英語学習法）の結果を紹介します。実行したいものの１つでも見つかるといいですね。役に立つ情報が１つでも見つかったら下線を引いてみましょう。

(1) 単語・熟語

- 大学の心理学の講義を受けて学んだこと。単語帳は，「ただ読みながら覚える」よりも，自分で見る方が覚えやすい，という実験結果がある。してから，見る方が覚えやすい，という実験結果がある。一度CDを聞いて，声に出しながら単語を３回書く。語呂合わせで覚える。
- ①単語の小さな新出語→②覚えているものや知らないものをまとめる→③覚えていないものを（①～②を繰り返して，なくなるまでやる）
- ユメタンのCDを家から家までの10分間聞く，トラックが25単語分のなかのを，シャドーイングしていて，覚えたい単語は家に帰ってから全部見直す，まずざっと全部見る，というのを繰り返す。
- 単語100語を覚えるなら，1語1語するのでなく，1語1ページを3日間続ける。
- 覚えたCDを歩きながら（体を動かしながら）発音して覚えるといい。（血液がよくなるから。）
- 単語は，歩きながら（体を動かしながら）発音して覚えるといい。（血液がよくなるから。）
- 覚えた単語を手に書いて，風呂で覚えて，洗ったときに消す。
- 単語学習のアプリがいい。
- 見開きで覚える。同じページを3日続ける。
- 難しい英語は例文で覚える。

(2) 文法・語法（Vintage など）

- Vintageの学習は，2週に1度に同じ問題だけを作って勉強する。
- Vintageを解いて，参考書を見て確認する。
- 自分の部屋にホワイトボード（制服の表現がまとまっているので）を貼る。（制服の表現がまとまっているので）
- 文法は，確実の問題など，確認して使えるようにする。
- 分からない単語や文法は，確認して使えるようにする。
- メモやマジックみたいな例文を暗記時間を使い，アクセントに気をつけて発音して，何回も書く。
- 単語や文法をスピーディーに書き換える。
- 発音しながら書く。

(3) リスニング

- 内容を理解するまで，同じ部分を開き続ける。
- 毎日英語を聞く（洋楽も），聞きながらと同じ発音で歌う。（リスニング発音，めちゃくちゃ up）
- 参考書を見ながら間違えたら１回目の英文は，文章を見て，その後，文章を見ずにもう１回聞く。
- 時間帯に勉強して，顔の中で復唱してみる。
- 洋楽を聞いたり，ストーリーを知っている映画を英語放送で見たりする。（ディズニーなど）

(4) リーディング

- 英文を読んで，少しでも「分からないところ」や「ひっかかるところ」は辞書や辞書で調べる。
- 長文，SVOC（次の主要素）にさらないものを（　　　　）でくくる。
- 長文読解をした後，付属のCDを使って復習＋音読＋リスニング対策をする。一度読解をした後，音読して英文を暗記する30回。
- 毎日30分の音読，同じ文を30回暗記する。
- 声に出しながら長文を読むと，なかなか頭に入ってくる。
- 定期的に読解問題を解く。
- 毎日1つ，和訳の問題を解く。（英文読解の原則125」的なやつ？）
- 辞書を使わずに長文を読む。
- 速読を繰り返すこと，簡単な英文を音読を繰り返して家で学習する。
- CDと一緒に音読する。
- 4，5年で使った教科書を音読して復習している。（今は，羽生さんの教科書のレッスン「好きな洋楽の」）の歌詞を和訳する。

(5) 復習・練習全般

- 復習を，何日も文法を音読する。
- 五感を使う。
- とにかく声を出す，単語も熟語も英文を，何回も早く覚えられる。
- 中間・期末対策に，CDを聞く。
- CDを使ってシャドーイングする（注，発音，単語，意味を意識して，少し遅れてリピートすること）。
- CDを使ったしゃべったりしながら学習する，音を意識して家で学習している。
- 英語を話す時に耳に残りやすい。
- 追試間を解く。
- センター試験の（本試験問題だけでなく）追試験までする。
- 全力で覚えて，何回か反復する。その後反復すると，確実に覚えられる。
- 自分の部屋にホワイトボード（壁に）かけ，覚えたいことをとにかく書く，覚えたら消す！
- 「高速基礎マスター」（英単）を徹底周目も。
- 寝る前に起床時に暗記物を音読してよく覚えられる（らしいです）。
- 隙間時間に単語，vintageをちょこちょことやる。
- パラーアップ：以前の英文のノートに英作を書いて覚える，発音を書きちょっと書く，（文を書くだけでも，他の文化を作るときに生かせる。）
- 教科書を何回も，1冊を完璧にする。
- 参考書を何冊も買って，1冊を完璧にする。
- 洋楽を歌う。
- 予習・復習

Part6 評価編 アクティブ・ラーニング型授業を支える評価とテスト

1 多様な評価とパフォーマンステストの要項例

「指導と評価の一体化」という考えがあります。指導上の重点と評価上の重点を一致させ，評価を指導に生かそうという考えですが，私はこれを少し発展させて，「①伸ばしたい力（目標）を決める →②それを測るテストを（主な問題だけでも）先に作る →③それをクリアする力を授業で育てる」ことで力を伸ばす「目標とテストと指導の一体化」という考えを提唱しています（拙著『英語テストづくり＆指導 完全ガイドブック』）。こうすると，同一学年を複数の先生で担当しても到達点が明確になり，同じ頂上を目指してもそこに至るルート（指導法）は異なっていても良いことになり，それぞれの自律性が確保され，やらされ感なく，主体的に授業づくりに取り組め，お互いの指導法から学び合えるというメリットがあります。

1 三要素のバランスのとれた学習評価

今後の学習評価については，「論点整理」により，次のようにされています（太字は引用者）。

> 三要素のバランスのとれた学習評価を行っていくためには，**指導と評価の一体化**を図る中で，**論述やレポートの作成，発表，グループでの話合い，作品の制作等といった多様な活動に取り組ませるパフォーマンス評価**を取り入れ，ペーパーテストの結果に留まらない，**多面的な評価**を行っていくことが必要である。

現在，英語科では，「4観点」での観点別学習状況評価をしていますが，今後は「学力の3要素」や「育成すべき資質・能力の三つの柱」（p.12〜13参照）に応じて「知識・技能」「思考・判断・表現」「主体的に学習に取り組む態度」の3観点で整理されることが検討されています。

現在	関心・意欲・態度	外国語表現	外国語理解	知識・理解
今後	主体的に学習に取り組む態度	知識・技能を活用して課題を解決するために必要な思考力・判断力・表現力等		基礎的・基本的な知識・理解
評価	活動観察・振り返り	定期テストの活用問題		定期テストの知識問題
	パフォーマンステスト（レポート，プレゼン，グループでの話し合い等）			

2 パフォーマンステストとルーブリック

パフォーマンステストを効果的に実施するのに使える要項例をp.121で，ルーブリックを使って評価する方法をp.122〜ご紹介します。

パフォーマンステストの要項例

リテリングテスト 実施要項

平成●年●月●日

1　実施日　　（全クラス）●月●日（●）
　　　　　　　＊受験者は，教室前の廊下でテストを受ける。
　　　　　　　＊他の生徒は教室で「誤答処理」や「予習」をする。

> テスト返しのときに実技テストの実施日とトピック，評価を伝えてください。

2　場　所　　教室前の廊下（準備物：机1＋教師用イス＋生徒用イス1）

3　範　囲　　教科書本文の1分間 Retelling（L.5かL.7）
　　　　　　　①生徒は，L.5とL.7の好きな方を選択できる。
　　　　　　　②カードにある<u>4つのイラストすべて</u>を語る。ふれなければ1枚につき−2点。
　　　　　　　　教科書を使っての事前練習を推奨する。
　　　　　　　③今回は，プレゼンも意識して「<u>巻き込み（問いかけ等）</u>」を工夫するよう促す。

> トピックを複数示し，その場でくじ引きで決定する方法もあり。

4　評　価　　評価は，Fluency（語数），Accuracy（正確さ），Delivery（伝え方）の3点。
　　　　　　　それぞれ3段階評価で，2学期の成績に加える（最高21点）。

観点／得点	A（7点）	B（5点）	C（3点）
① Fluency（語数）	□**十分な量**で説明している。（80語以上）	□目標語数の**半分以上**で説明している。（50〜79語）	□目標語数の**半分に充たない**が説明している。（〜49語）
② Accuracy（正しさ）	□発音・文法・表現が**ほぼ適切**である。（ミス1つまで）	□発音・文法・表現にミスはあるが伝わる。（ミス3つまで）	□ミスはあっても伝えようとしている。（ミス4つ以上）
③ Delivery（伝え方）	□相手を引きつける巻き込みの工夫がある。（2つ以上）	□相手のことを意識して伝えようとしている。（1つ）	□自分の意見を述べている。（巻き込みの工夫は見られない）

> 評価の観点や記述は，取り組みの目的や生徒の発達段階で異なる。

（備考）
　＊Fluency：語数の満点は「80語」（高校生の全国的な目標語数は60語）。
　　（参照）西巌弘『即興で話す英語力を鍛える！ワードカウンターを活用した驚異のスピーキング活動22』（明治図書）
　＊Accuracy：同じタイプのミス（3単現のsなど）は，1つと数える。
　＊うまい「発音」（抑揚，英語らしい）を推奨するため，ミス1つ免除（特典）とする。
　＊Delivery：相手を引きつける巻き込みの工夫：抑揚，感情，問いかけなど

5　手　順　　①教室でテストの「手順」「判定基準」を伝える（前時にも伝えておく）。
　　　　　　　②出席順にテストを行う（最初の生徒を誰にするかは授業担当者の裁量）。
　　　　　　　③受験者と次の生徒は廊下で待機する（入れ替わりの時間を短縮するため）。
　　　　　　　④~~受験者は教師の持つくじを引き，モノログテーマを選ぶ。~~　（今回はくじなし）
　　　　　　　④受験者は教師にリテリング用のレッスンを伝える。
　　　　　　　⑤受験者は教師の合図で1分間語り続ける。教師は発話語数とミスの数を数える。
　　　　　　　⑥1分後，得点と講評を受験者に簡単に伝えて終了。
　　　　　　　⑦教師は得点を別紙に記載する。
　　　　　　　⑧テストが終わった生徒は，引き続き教室で「誤答処理」や「予習」をする。

パフォーマンス評価を支えるルーブリック

　知識を「知っている」だけでなく「使える」力までつけたいと考えると，評価は「知識を測るペーパーテスト」だけでは不十分で，体育や家庭科など同様，知識やスキルを使うパフォーマンスを評価する必要があります。

❶ パフォーマンス課題とは

　英語科ではこれまでも「インタビューテスト」などを行ってきましたが，パフォーマンス課題とはさらに幅広く，「エッセイ」「作品制作」「プレゼンテーション」「グループワーク」「ディベート」なども含みます。

❷ ルーブリックとそのメリット

　あるパフォーマンスを評価する場合は，評価の「観点」や「レベル」や「基準の説明」が必要です。「ルーブリック」とはそれらを表形式にまとめたものです（次頁参照）。
　ルーブリックは教員と生徒双方にメリットがあります。教員には，「採点基準を先につくることで求めるレベル（教育観や評価観）が明らかになる」「複数人数でも採点がぶれにくい」「リストにチェックするだけで採点しやすい」「フィードバックをすぐに返せる」などがあります。生徒には，「（事前に指標を示されるので）求められる観点やレベルを先に理解できる」「（リストのチェックを見ると）フィードバックになる」などがあります。『大学教員のためのルーブリック評価入門』（玉川大学出版部）は，詳しくて具体的でわかりやすい本なのでぜひご一読をお勧めします。

❸ ルーブリックのアレンジとつくり方

　ルーブリックは，授業の多くの場面で活用できます。例えば，スピーチやプレゼンテーションなどの「話す」場面，自由英作文などの「書く」場面です。一例を次ページに載せましたのでご参照ください。ルーブリックの良さは，ねらいや発達レベルに合わせて基準をつくれることです。自分たちに合ったものをつくる参考（土台）にご活用ください。
　ルーブリックのつくり方のポイントを簡単にまとめると，次のようになります。

- 課題を通して求める「スキル」や「要素」の最高水準を考える（構成，内容，表現）。
- 観点別に3（～5）段階で記述する（最高→最低→中間の順，教育的な表現にする）。
- 数人分のパフォーマンスで評価してみて（必要なら）修正を加える。

　同僚の先生と基準や配点を考えると互いの考え方（信念）が共有できておもしろいです。

4 ルーブリックの一例

（1）1分間リテリング（教科書のイラストだけを見て本文を相手に語る）の例

観点／得点	A（7点）	B（5点）	C（3点）
Fluency （語数）	□**十分な量**で説明している。 （**80語以上**）	□目標語数の**半分以上**で説明している。 （**50〜79語**）	□目標語数の**半分に充たない**が説明している。 （**〜49語**）
Accuracy （正しさ）	□発音・文法・表現が**ほぼ適切**である。 （ミス**1つ**まで）	□発音・文法・表現にミスはあるが伝わる。 （ミス**3つ**まで）	□ミスはあっても伝えようとしている。 （ミス**4つ以上**）
Delivery （伝え方）	□相手を引きつける巻き込みの工夫がある。 （**2つ以上**）	□相手のことを意識して伝えようとしている。 （**1つ**）	□自分の意見を述べている。 （巻き込みの工夫は**見られない**）

（2）自由英作文（自分の将来について60〜80語で自由英作文を書く）の例

	A（3点）	B（2点）	C（1点）	D（0点）
(1) Length	60〜80 word	40〜59 words 81〜 words	20〜39 words	0〜19 words
(2) Content	Interesting	Ordinary	Uninteresting	
(3) Structure		Topic Sentence + Supporting Sentences	Unorganized	
(4) Grammar		Understandable （〜 3 major mistakes）	Difficult to understand （4 mistakes 〜）	
Total Score				/ 10

＊ALT1人による採点用のため表現が一部抽象的。複数人数での採点なら具体的記述が必要。

（3）実践上のポイント

- 観点や配点は指導の「ねらい」や「時期」（発達段階）によって大きく変わる。
- 記述はシンプルな方が評価しやすい（文が長いと一瞬で評価しにくい）。
- 抽象的な言葉だけでなく，数字を入れると他の人とも評価のブレが少なくなる。

定期テストの取り組み

　私は定期テストには，3つの目的があると考えています。①「英語力の伸長」（テストに向けて勉強することで英語力を伸ばす），②「英語力の診断」（力を測定・診断し，課題を把握し改善することで力を伸ばす），③「英語力の評価」（通知表などの材料，教師の指導の評価でもある）です（拙著『英語テストづくり＆指導　完全ガイドブック』参照）。

1 テストは夢の機会

　私は，「定期テストは教師にとって夢の機会」と考えています。自ら学習に取り組もうとする生徒が増え，学習時間が増え，理解度が上がり，テストで良い点を取り，その結果，英語好きな人が増えるきっかけとなるからです。テスト期間を意図的に活用して生徒に達成感を与え，英語好きを増やすことは，私たち教員の大切な仕事の1つかと思います。

2 テストを通して生徒の力を伸ばすテスト前後の「テスト・マネジメント」10

　生徒の力を最大限に伸ばすには，ただ定期テストを行うだけではなく，意図的，計画的にテストの前後の取り組みを行うことが大切です。私はこれを「テスト・マネジメント」と呼んでいます。例えば，次のような取り組みがあります。

【テスト前】
① つけたい力や入試問題を研究して「テスト形式」を工夫する
② さらに良いテストにするための「テスト理論」を学ぶ
③ 全員が何をどうやって勉強すれば良いかわかる「テスト出るかもプリント」
④ 「テスト前の AL 型自習」（テストの範囲で検定制度を実施する，p.125参照）

【テスト中】
⑤ テストの「効果的な採点術」（すぐに採点し返却してフィードバック効果を高める）

【テスト後】
⑥ ドキドキわくわく「テスト返却アイデア」（テスト返し前に，再び問題を解く）
⑦ 「英語カルテ」で取り組み結果を振り返り次につなげる
⑧ テスト後は弱点補強を（どのように復習するのか「誤答処理」のやり方を示す）
⑨ 定着度を上げるには誤答処理と「再テスト」はセット（次の時間に全員再テスト）
⑩ 再テスト不合格者には「再々テスト」＆筆記＆口頭テストでの「追試」

＊上記の取り組みの詳細は，上掲書参照

テスト前のAL型自習

定期テスト前には，授業の1時間〜数時間をかけて，それまでの復習を個人的に進める自習の時間を授業の中でとられる先生も多いでしょう。目標達成に向けて自分のペースで主体的に学習できるテスト前の自習がうまくいくポイントをご紹介します。

1 生徒がやる気になる「AL型テスト対策自習授業」

生徒が「何を，どれだけやればいいか」わかって，自分の進捗状況がわかるようにし，個人チェックを設けることです。生徒が課題を達成するために主体的，協働的に学ぶ授業が展開されます。「よっしゃー」「やったー」「くそー」という声にあふれます。

2 指導の流れ

（1）本時の目標と流れを板書して伝える（テストに向けての個別学習）

「テスト範囲は終わったので，今日からテストに向けてのテスト対策期間に入ります。ただし一斉授業ではなく，それぞれが課題に取り組んで，課題をパスすれば次の段階に進めるというゲーム形式で行います」（生徒は何だかうれしそうな表情をする。）

（2）クリア表の記入法を伝える

「これから取り組む課題は，板書の通りです。課題をクリアする度に，名簿の自分の名前欄に〇ができます。どの課題から取り組んでもかまいません（自己決定）。やりやすいところからクリアしてください。テストの●月●日までにすべて〇がつくよう頑張りましょう」

（3）Name カードの使い方を教える

「1つクリアしたら Name カードを動かしてください。今日の目標は全員が●●まで行くことです。お互いに不明点を教え合ったり問題を出し合ったりすることは大歓迎です」

（4）生徒は課題をする。前に来た生徒と教師は確認テストをする（そしてほめる）。

（5）黒板に貼ってあるカードを見ながら全員の合格を目指す声かけを続ける。

黒板の様子　クリアするごとに Name カードを動かし状況を可視化する

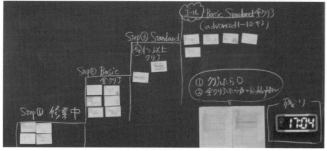
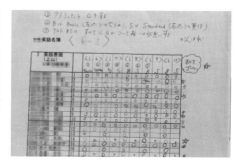

Part 7 教科外編 アクティブ・ラーニングでつながる教科外学習

英語科との関連：生徒が主体的に求める「例文検定」

大学入試を目指す高校2・3年生からよく受ける質問の1つに、「英作力を伸ばしたいけど、どんな参考書が良いですか」があります。私は生徒の「現状」と「目標」を聞いて両者のgapを埋める1冊を薦めることにしています。

1 生徒から自主的に勉強会を求める

竹岡弘信先生の『ドラゴン・イングリッシュ』（講談社）は、英作文に必要なエッセンスを、たった100文にまとめたものです。私も含め、この参考書で自学して文法力や英作力を伸ばした人が多いことを生徒に紹介した後日、生徒から声をかけられました。「みんなで集まってドラゴン・イングリッシュを使って勉強するので、覚えたかどうかチェックしてください」。私は生徒たち自身による主体的な学習がうれしくて、他の生徒にも希望を募り、毎週1回ドラゴン・イングリッシュ検定を行うことになりました（次頁参照）。

2 どのように学習を進めるか

希望者を応援する意味での「ドラゴン・イングリッシュ検定」（テスト）は、簡単に言うと、「ドラゴン・イングリッシュの英文を生徒が覚えてきて、それをテストする（書く）」ものです。希望者は自費購入をします。具体的には、次のように進めました。

- 1回の試験で約10文（毎回、学習する量として最適）。
- テストは、日本語を見て、それを英語に直す（和文英訳）。

3 検定の内容や効果

問題は実施日時でした。放課後は毎日補習があって難しいので、週に1日、昼休憩に集まって13:00～13:15までの15分間で、次のような取り組みをすることにしました。

① （少し早めに会場に行き）、付属のCDを流しておく（来た人から音声で復習できる）。
② （本番前の練習として前回の問題も含めて）ペアで難しそうなものを口頭で出題し合う。
③ （10分程度で）筆記テストをする（時間がないときは、10文中の5文を出題する）。
④ （ペアで）採点する。
⑤ 間違った問題をペアで口頭で出題しあって、その場でミスの復習をする。

第1回目の参加者は12名（後日4名加入）。希望者のみの受験制で、参加者の主体意識が高く、燃えて取り組んでいました。入試に向けての学習は1人では計画通りいかないこともありますが、他の人と主体的に協働的に学べる関係は、学力を高める意味でも効果的です。

生徒に配布した「ドラゴン検定」受験希望者募集のお知らせプリント

英語科よりのお知らせ

ドラゴン検定（英作自主テスト）受験希望者募集のお知らせ

1　検定の内容

『ドラゴン・イングリッシュ』とは，英作文に必要なエッセンスを，たった100文にまとめた英語の参考書（例文集）のこと。この参考書で自学して文法力や英作力・英文解釈力を伸ばしている人が増えています。

そんな彼らの中から，「ドラゴン・イングリッシュを使って勉強しているので，英作文のテストをしてほしい！」という声が上がりました。そこで，この熱い思いに応えて，ドラゴン・イングリッシュ検定（英作文テスト）を実施することになりました！

実施に当たって，できるだけ多くの人と一緒に頑張って力を伸ばしてもらえればと思い，まだ購入していなかったけれど，英作力を伸ばしたいと考えている人は誰でも参加可能としたいと思います。

まだ購入していない人も，購入と学習を考えてみませんか？
英語力のアップは保障しますよ。

2　検定の方法

①1回の試験で約10文（毎週，学習する量として最適）。
②テストは，日本語を見て，それを英語に直す形式（和文英訳）。

3　参加者のメリット

①英作文するときのコツがわかるので，**英作文力がアップ**する。
②本書の解説が詳しいので，それを読んで高校で必要な文法をおさらいして**文法力がアップ**する。
③英作力が上がるので，センター試験に必要な「並べ替え問題」に対応する力もつく。
④英語を見て，日本語に訳す練習を行うと，**和訳力（英文解釈力）もアップ**する。
⑤ネイティブ2人分の声が収録された付属のCDを使って音読・リスニングを行うと，復習できるだけでなく，**リスニング力・即興理解力もアップ**する。

4　検定実施計画

毎週水曜日の13:00〜13:15（15分）
●●教室

5　参加の要件

①英語科・上山に申し込みの意思を口頭で伝えてください（●月●日（●）まで）。
②『ドラゴン・イングリッシュ』を各自で購入してください。（1冊CD付きで約1500円）
　＊これだけ英語力がつく英文100文に対して1500円の自己投資は高くありません。
　＊**購入前に本書を見たいという人は，職員室の上山のところまで。学習法のアドバイスもします。**

総合的な学習との関連：教科の指導とからめた発表会

　アクティブ・ラーニングと総合的な学習の時間には密接な関係があります。例えば，「学習指導要領解説編」で示されている「総合的な学習の時間の目標」からキーワードをひろうと，「自ら課題を見付け」「自ら学び」「よりよく問題を解決する資質や能力を育成」「学び方やものの考え方を身に付け」「問題の解決や探究活動に主体的，創造的，協同的に取り組む態度」などがあります。これらはまさに AL で求められているものであり，教科で身につけた力を総合的な学習の時間と関連させて資質・能力を育むことの大切さがよくわかります。

1 課題研究とは

　ここでは，普段の授業で身につけてきた力が総合的な学習の時間で大いに発揮された事例として「課題研究」というプロジェクトをご紹介します。これは，生徒が自分の希望する進路分野から課題意識のあるテーマについて情報を収集し，文章にまとめ，レジュメを作成し，他者にわかりやすくプレゼンする（同級生相手の授業）という一連の流れで取り組むものです。

2 アクティブ・ラーニング型授業の成果を発揮した学年代表者発表会

　発表はまず類似分野の生徒が集まって1回目を行い，その中から代表者が学年全員の前で発表します。発表会後の生徒の感想には「すごい発表だった」「自分も次にやるときにはあのようになりたい」というコメントが相次ぐなど，今後のアクティブ・ラーニング型発表会の見本となるような成果でした。振り返ってみます。

（1）聴衆を巻き込んでの発表（表現力）

　代表者の発表は聴衆を巻き込むすばらしい発表になっていました。例えば，マイクを持って演壇から離れて聴衆に問いかける，パワーポイントでテンポよく進める，相手に語りかけるように話をする，不要部分をとばす，実物（参考資料）を見せる，クイズを取り入れる（日本でデザインに関係している人の数は？），ポイントやイラストを板書する，などです。生徒の感想です。

> ●皆の発表の仕方がまず一番勉強になった。内容の前に「導入部分」で人を引きつけることが大切だと思った。コミュニケーション英語の時間に上山先生がいつもおっしゃるように，「疑問を投げかけられる」とそれまで聞き流していたものが頭にしっかりと入る。わかりやすくするのを意識して皆が発表しているなと思った。簡潔に言ったり，話し方のテンポを変えたり，わかりやすいレジュメを使用したり，スクリーンを駆使したり，たくさんの工夫があった。3分という短い時間にまとめて要点を話すことの難しさは，私たちが英語授業の Short Presentation で経験しているからこそわかっていて，すごいなと思えた。

> ● こんなにも多くの人（約180名）の前で発表してすごいなと思いました。プレゼンテーションの仕方もたくさんあり，プロジェクターを使ったり質問をしたり，聞き手への「サービス精神」が素晴らしかったです。みんな聞きやすい声で笑いもあり，教室一体をまとめて学ぶべき事がたくさんありました。今後のプレゼンテーションに生かします。

　生徒が大人数の聴衆を巻き込む発表ができたのには，少し仕掛けがありました。1つは，発表前のミーティングです。最高のプレゼンをするために逆に「良くないプレゼン方法」を考え，どのような発表をすればよいのかを考えてもらいました。生徒は上記のような方法を，これまでの学年集会や総合的な学習の時間，各教科の授業で学んだ発表の仕方から考え出したわけです。さらに，発表までの15分間で，再度レジュメを読み込んだこと。これにより，生徒は伝えたい情報に軽重をつけ，時間不足時に削る部分も事前に考えて準備できていたのです。

（2）発表会を生徒がすべて仕切る

　今回の発表会は，すべてを生徒が行いました。最初のあいさつも生徒，司会も生徒，最後の講評も生徒です。タイムキーパーも生徒で，「あと30秒」というプロンプターも生徒。すべて生徒がやって，教員が1度も前に立つことなく盛会に終わりました。生徒の感想です。

> ● 今回の発表者だけでなく，司会者チームもてきぱき進めてくれていて，聞き手も反応が良くて，どの点から見ても良い時間が過ごせたなぁと思います。

（3）調べて考えることで学問分野に関心も気力もわく

> ● 今回調べる機会があったおかげで，将来への関心も夢を追う気力もわいてきた。大学の面接とかでも使えそうなことも学べたし，大収穫な課題研究であった。
> ● 今回調べたエスペラントとそれに関連する国際社会問題は，実は高2の頃に行った模擬国連の時に使ったネタを再び使ったものだった。模擬国連にチャレンジしたという体験は，自分の興味分野を大いに拡げたものであり，貴重な体験だったので，このような研究ですぐに課題研究分野を決定できて良かった。

　こうした取り組みを通して思うことは，「授業外に発揮できる力の育成」の大切さです。「汎用的な資質・能力」の育成こそがAL型授業の本質です。発表者が「英語授業でのShort Presentationに比べれば今回は楽。日本語でできるし原稿のメモも読めます」と述べていたように，コミュニケーション英語でShort Presentationというリテリング発表を毎時間続け（p.78参照），それが総合的な学習の時間での発表に役立ったようです。もう1つは，仕込みの大切さです。プレゼンター，係，聞き手への指導，それらがうまくまわり発表者は大きな拍手から充実感を得て，聞き手は「いつか自分も」という憧れを持つ成功体験となったのです。

総合的な学習との関連：
修学旅行とからめた探究的な学習

　もう1つ，修学旅行とからめたアクティブ・ラーニング型の学習をご紹介します。修学旅行は学びに「目的」を生み，実生活・実社会のための学習となる優れた学習機会です。

❶ 修学旅行とタイアップし「目的意識」「実生活・実社会とのつながり」が高まる

　海外修学旅行に出かける前に，次のような総合的な学習を実施したことがあります。

1時間	修学旅行先（シンガポール・マレーシア）に関する「紹介授業」（地理の教員）
1時間	修学旅行に向けての「レポート作成」（A4で1枚）ガイダンス
夏休み	生徒は自宅パソコンでレポート作成（課題設定→情報収集→整理→作成）
1時間	印刷されたレポート集を使って各クラスで1人1分間で発表（情報共有）
修学旅行	現地で関心のあるテーマについて見聞しメモを作成
帰国後	学んだ点について簡潔なレポート作成（読み手を後輩に設定する）→冊子化

　この取り組みのポイントは2つあります。1つは2時間目の「レポート作成」です。以前は現地のパンフレットを使って行きたい箇所をグループで話し合うものでしたが，今回は，生徒が各自の興味・関心に沿って探究テーマを設定し，調べてレポートを作成し，クラスで発表しあうことで，より主体的に学べると考えました（主体性）。レポート集をまとめて修学旅行に持参することで，現地のガイドブックにもなりました（実生活に活きる製作物）。

　もう1つは，帰国後の「レポート」です。生徒たちは修学旅行中に学んだことを随時メモし，それを1日の終わりに文章にします。それを帰国後に「後輩のために」という「目的意識」を持って体験からの学びを簡潔にまとめました（目的意識）。冊子をクラスごとに印刷して学びを蓄積し，後輩にもそのまま渡すという意味でも有効な取り組みになりました。

❷ より探究的な学習にフォーカスした取り組みへ

　以上の取り組みは，どちらかというと「知らないものを調べる」「体験で得た学びをまとめる」という調べ学習的なものですが，さらに高度な「探究的な活動」にすることも可能です。

- 日本国内で「修学旅行先」と共通する課題について研究（水問題，自然災害，環境問題など）
- 修学旅行先で現地調査，現地の高・大生と英語でディスカッション，大学での講義
- 現地で学んだこと，考えたこと，調査したことをレポートにまとめ発表

　これらを英語で情報収集して英語で提案します。大学における調査研究・発表活動のような感じです。海外との連携から英語を使う必然性が生じます。グローバル化への対応から，今後はこのような「異文化体験に終わらない」海外修学旅行も増えてくるのではと思います。

修学旅行前後で学んだことを簡潔にまとめるワークシートとする(上は出発前,下は帰国後に活用)

総合的な学習　夏課題
『Mission! 修学旅行先をリサーチ&レポートせよ!』

1　調査 & レポート

修学旅行先(シンガポール・マレーシア)の現状を自分自身で主体的に調べることにより、現地への関心・理解を深め、情報の調べ方・まとめ方、発表の仕方を身につけるきっかけとする。

2　夏課題について

①シンガポール・マレーシアについて、1人「A4 1枚」のレポートを作成する(パソコンで作成)。
②提出は○月○日（●）。作成したレポートを各クラスで集めクラスレポート集を作成する。
＊プリントアウトして提出、自宅でプリントアウトできない人は、担任に相談する。
・レポート集を用いて発表したり読み合わせをしたりして現地情報を得るとともに、修学旅行に向けての関心・機運を高める。

3　レポート作成について

①数員が作成した「レポート例」についての説明を見聞きをして、レポートイメージをふくらませる。
②各自で、シンガポールとマレーシアのどちらの国についてレポートするか、好きな方を選ぶ。
③各自で調査したいテーマを決めて作成する(多様性の観点から、他の人と異なるテーマが良い)。
【テーマ例】シンガポール(マレーシア)の●●
□政治　□経済　□文化　□宗教　□食文化　□人柄　□言葉　□遊び　□生活　□お金　□教育　□その他

4　レポートの書き方の留意点

レポート作成に際して、次の留意点を自分のレポート作成に反映させること。
①レポートは1人1枚。
②タイトルに全員を自分のレポート作成に反映させること。①レポート番号、生徒番号(5●●●)と名前を明記する。②タイトルに題名をつける(タイトル装飾は個人で考える)(その主旨目的)。③不適切な表現はしない。
⑤字体やフォントの大きさは各自で考えて読みやすくする。②書き言葉で書く(話し言葉は×)。
⑦文字だけでなく画像や図表を入れること。(その方が読者には読みやすくなる)
⑧インターネットを用いている場合は、サイトからコピペして自分のレポートにすることは違反(盗作)。
コピペ&ペースト禁止：サイトからそのままコピペして自分のレポートにすることは違反(盗作)。
自分で要約して意見を加えて簡潔に記述する。参考・引用箇所については出典を明記すること。
⑨1つだけのサイトではなく複数のサイトで調べる。情報の正確性を確保するため。
(ネット上のサイト情報は、誰でもアップロードできるため、他に比べて正確性が低いものがある。)
⑩参考にしたサイトや本は、レポート下で「参考・引用文献」として必ず明記すること。

本	山田　英郎著『マレーシアで暮らしたい! マレーシアロング ステイ　公式ガイドブック』(講談社)	・新聞名は『　』でくくる。
新聞	『朝日新聞』2013年10月8日朝刊　(社説)	・書名は『　』でくくる。
サイト	「マレーシア移住しよう」http://malay.junaya.info/	・アドレスも明記

シンガポール・マレーシア修学旅行　事後レポート
～後輩に伝えたい! 行って分かった、オススメ場所や準備のコツ～

Class (5 — 　) No. (　) 名前 (　)

シンガポール・マレーシア修学旅行のまとめとして、(後輩に伝えたい! オススメ場所や準備のコツ)をまとめます。これは、修学旅行を通じて学んだことを来年度の修学旅行に実際に役立ててもらおうというものです。読み手にとって役立つものを書いてください。来年度の先生や生徒に渡します。書く内容は、「やって(訪問して、食べて、準備して)よかったこと」や「やっておけば良かったこと」や「学んだこと」などです。

(1) ここがオススメ! (観光地、交流、食事等)

オススメの場所・交流・食事等　ベスト2	理由・説明 (できるだけ詳しく)　＊イラスト追加可
①	
②	

(2) 準備や旅行全般 (持って行って良かった物、乗り物のコツ等)

準備や旅行全般 (持ち物、乗り物等)　ベスト2	理由・説明 (できるだけ詳しく)　＊イラスト追加可
①	
②	

(3) 最後に一言 (修学旅行に行って良かったこと・学べたこと)

【教科外編】アクティブ・ラーニングでつながる教科外学習

おわりに

　アクティブ・ラーニングについて大切な点をいくつか，ここで再度確認してみたいと思います。より理解が深まればと思います。

- ALの必要性は，「今後の社会で求められる人材像の大きな変化」による。
- AL導入のねらいは，「実社会や実生活で必要となる資質・能力を育てる」ことにある。
- 短く言うと，授業に「能動的な学修」を取り入れ「汎用的な資質・能力」を育てること。
- ALとは要するに，これまでの「教科書内容中心の暗記・理解型の学習」に加えて，それらの知識を活用して，これからの社会で活躍するのに必要な「思考力・判断力・表現力」や「主体性・多様性・協働性」などを含む「『資質・能力』の育成をめざした主体的，協働的な学習」を促す教育活動である（自覚してねらって行いたい）。
- さらに言うと，アクティブ・ラーニングの導入によって「授業を活性化」しよう。そしてより「深い学び」「対話的な学び」「主体的な学び」に導こう。さらにできれば，「創造性」や「革新性」なども発揮して，個としてより良い人生を歩むのと同時に，グローバル社会の中で日本や地域を引っ張る人材にも育ってほしい，というねらいがある。
- 社会で「主体的な学び」が求められるのは教科書がないから。自ら学び続ける力が必要。
- 「活動active」だけでなく「思考active」，（教科への主体的な）「気持ちactive」，最終的には「生き方active」（変化の激しい時代を果敢にしなやかに自己教育して生きる）を目指す。中高卒業後も自力で学び（登山し）続けるアクティブ・ラーナー（クライマー）を育てたい。
- 英語の授業でいうと，個人として英語ができるだけでなく，まわりの人と協働しつつ新しい考えや解決策を提案できる生徒の育成も目指す。今後は海外を体験し先生よりも英語ができる生徒が増える状況も予想される。説明や暗記中心の授業ではなく，学んだことに意見を加えて（多様性）発信しあって対話的に深く学ぶ授業が求められる。
- 英語に対してだけ「active learner」を育てれば良いわけではない。他の教科・科目も含め，何に対しても前向きな生き方をする力強くて柔軟なactive learnerを育てたい。

　アクティブ・ラーニングはもともと手段であり，特定の型があるわけではありません。また，どの場面にも常に有効な指導法は存在しません。手法だけに注目すると情報が多すぎて「いっぱいいっぱい」になりがちです。本書もその意味ではすべてを実践する必要はなく，アクティブ・ラーニング導入の目的や本質を踏まえたうえで，背景，アプローチ，視点，授業モデルなどから関心を持たれたものにアレンジを加え，1つずつ実践していただけたらと思います。試行錯誤を繰り返す中で，自分なりの授業論や考え方を確立することが大切なのだと思います。本書をAL実践の「たたき台」としてご活用いただければうれしいです。

　教育の目標や方針は時代とともに変わります。現在はActive Leaningがその役を担っていますが，さらに進んだ社会では別の言葉が現れるかもしれません。例えば，学校という枠から出て実社会や地域との学習をより重んじたSocial LeaningやService Learnig，「感情労働」に

対応した教育（Emotional learning），もしくはコンピュータやロボットの活用を中心に置いたComputer（Robotics）learningの時代がやって来るかもしれません（筆者なりの言葉）。

　大切なのは，不易と流行という言葉があるように，未来を本気で見通して，目の前の生徒の教育を考えること。教育の目的は，教育基本法にあるように，「一人ひとりの人格形成」と，平和で民主的な「社会の形成者」を育成することでしょう。変化の激しい時代にどのような授業が求められるのか，私たちも解のないこの問いに対して，主体的，協働的にアクティブ・ラーニングすることが求められているのかも知れません。

　本書も多くの方々のおかげで生まれました。私は初任から出会いに恵まれています。本書では何より勤務校の先生方に大変お世話になりました。向井勝也校長先生，金久明彦教頭先生（高校），脇祥貴教頭先生（中学）には，いつも温かい言葉かけとご支援をいただいています。同僚の先生方には豊富な経験に基づく多くの助言をいただき，授業改善につながりました。さらに，生徒や保護者の方には素晴らしい出会いと人間関係に感謝しています。

　学校外でも多くの方々に支えていただきました。北海道の大塚謙二先生，徳長誠一先生，西林慶武先生，高椋勇一先生，秋田の大野理智子先生，山形の奥山エリ子先生，新潟の前田紀恵先生，阿部雅也先生，荒木美恵子先生，福島の畑中豊先生，栃木の田村岳充先生，長野の小岩井高徳先生，富山の牧野由美先生，石川の橋本正憲先生，埼玉の瀧沢広人先生，唐沢博先生，東京では達人セミナー事務局の谷口幸夫先生，小寺令子先生，米田謙三先生，図子啓子先生，和田玲先生，吉井健さん，津金秀和さん，小林奈苗さん，岐阜の巽徹先生，渡部正実先生，大阪の中嶋洋一先生，藤澤良行先生，上本晋之先生，溝畑保之先生，地元広島の柳瀬陽介先生，樫葉みつ子先生，平木裕先生，山路英明校長先生，多賀由里先生，安海和枝先生（現在は山口）や胡子美由紀先生，出水田隆文先生，西巌弘先生をはじめとする「チーム広島」の先生方，岡山の目崎浩子先生，出井幸恵先生，山口の金田道和先生，中川勝彦先生，鳥取の安木真一先生，西山正一先生，愛媛の池野修先生，大村潔先生，福岡の石黒文雅先生，横溝紳一郎先生，佐賀の吉田喜美子先生，執行正治先生，大分の御手洗靖先生，鹿児島の園元恭子先生，有嶋宏一先生，さらには，中嶋塾や地元福山BEKの先生方，本書に実践を寄せてくれた福島の松本涼一先生，埼玉の奥住桂先生，神戸の宮崎貴弘先生，広島の山岡大基先生。溝上慎一先生や小林昭文先生には著書や講演から多くを教わりました。まだまだ多くの方々にお世話になっています。皆さん本当にありがとうございます。明治図書の木山麻衣子さんにお世話になったのはこれで4冊目です。実践が形になるのは木山さんのおかげです。最後に，自分の生活を根幹で支えてくれる父，母，妻や息子や娘にも感謝です。本書が，皆さんのより良い授業づくりに少しでも貢献できれば幸いです。本書を最後までお読みいただき，ありがとうございました。

2016年3月

上山晋平

主要参考文献

- 安彦忠彦『「コンピテンシー・ベース」を超える授業づくり』(図書文化社)
- アルク教育総合研究所『グローバル教育を考える』(アルク)
- 池田真「21世紀のグローバル英語教育：CLIL（内容言語統合型学習）の理念と方法」『全英連会誌』2015年第53号（全国英語教育研究団体連合会）
- 石井英真『今求められる学力と学びとは―コンピテンシー・ベースのカリキュラムの光と影』(日本標準)
- 今井典子，髙島英幸『小・中・高等学校における学習段階に応じた英語の課題解決型言語活動―自律する言語使用者の育成―』(東京書籍)
- エドワード・L・デシ，リチャード・フラスト著，桜井茂男監訳『人を伸ばす力　内発と自律のすすめ』(新曜社)
- 江利川春雄『協同学習を取り入れた英語授業のすすめ』(大修館書店)
- エリザベス・バークレイほか著，安永悟監訳『協同学習の技法―大学教育の手引き』(ナカニシヤ出版)
- 梶田叡一『アクティブ・ラーニングとは何か』(金子書房)
- 上山晋平『45の技で自学力をアップする！　英語家庭学習指導ガイドブック』(明治図書)
- 上山晋平編著『英語テストづくり&指導　完全ガイドブック』(明治図書)
- 上山晋平「生徒の家庭学習を促進する」『英語教育』2014年2月号（大修館書店）
- 上山晋平ほか「誌上大放談　現場でシェアしたい教育書」『英語教育』2015年8月号（大修館書店）
- 河合塾編，小林昭文・成田秀夫著『今日から始めるアクティブラーニング―高校授業における導入・実践・協働の手引き』(学事出版)
- 木村充，山辺恵理子，中原淳「東京大学－日本教育研究イノベーションセンター共同調査研究　高等学校におけるアクティブラーニングの視点に立った参加型授業に関する実態調査：第一次報告書」http://manabilab.jp/wp/wp-content/uploads/2015/12/1streport.pdf
- 国立教育政策研究所『〔国研ライブラリー〕資質・能力〔理論編〕』(東洋館出版社)
- 小林昭文『アクティブラーニング入門』(産業能率大学出版部)
- 小林昭文ほか『現場ですぐに使える　アクティブラーニング実践』(産業能率大学出版部)
- 小林雅一『AIの衝撃　人工知能は人類の敵か』(講談社現代新書)
- 笹島茂『CLIL　新しい発想の授業』(三修社)
- ジョン・ファーンドン著，小田島恒志・小田島則子訳『オックスフォード大学・ケンブリッジ大学の入試問題　あなたは自分を利口だと思いますか？』(河出書房新社)
- スー・F・ヤング，ロバート・J・ウィルソン著，小野恵子訳『「主体的学び」につなげる評価と学習方法―カナダで実践されるICEモデル』(東信堂)
- 杉江修治『協同学習入門―基本の理解と51の工夫』(ナカニシヤ出版)

- 平木裕「アクティブ・ラーニングの授業ここがポイント（中学校外国語科）」『総合教育技術』2015年10月号（小学館）
- ダネル・スティーブンスほか著，佐藤浩章監訳，井上敏憲，俣野秀典訳『大学教員のためのルーブリック評価入門』（玉川大学出版部）
- 田村学『授業を磨く』（東洋館出版）
- 永田豊志『あらゆる問題を解決できる フレームワーク図鑑』（KADOKAWA メディアファクトリー）
- 西巖弘『ワードカウンターを活用した驚異のスピーキング活動22』（明治図書）
- 西川純『アクティブ・ラーニング入門〈会話形式でわかる『学び合い』活用術〉』（明治図書）
- 広島県教育委員会『平成27年度 広島県教育資料』
- 藤村裕一『アクティブ・ラーニング対応 わかる！書ける！授業改善のための学習指導案 教育実習・研究授業に役立つ』（ジャムハウス）
- 松尾睦『職場が生きる 人が育つ「経験学習」入門』（ダイヤモンド社）
- 松下佳代ほか『ディープ・アクティブラーニング』（勁草書房）
- 松下佳代『パフォーマンス評価—子どもの思考と表現を評価する』（日本標準）
- 溝上慎一『アクティブラーニングと教授学習パラダイムの転換』（東信堂）
- 溝上慎一責任編集『どんな高校生が大学，社会で成長するのか』（学事出版）
- 三宅なほみ（監訳）ほか『21世紀型スキル：学びと評価の新たなかたち』（北大路書房）
- 望月昭彦ほか『英語4技能評価の理論と実践—CAN-DO・観点別評価から技能統合的活動の評価まで』（大修館）
- 山本崇雄『はじめてのアクティブ・ラーニング！英語授業』（学陽書房）
- 吉田智雄『明日必ず学校に行きたくなる アクティブ・ラーニングが日本の教育を変える』（ダイヤモンド社）
- 文部科学省『言語活動の充実に関する指導事例集—思考力，判断力，表現力等の育成に向けて〔中学校版〕〔高等学校版〕』（教育出版）
- 中央教育審議会教育課程企画部会「論点整理」
- Benesse 教育研究開発センター「中高の英語指導に関する実態調査2015」
- Cheickering,A.W.,&Gamson,Z.F. (1987) *Seven princiles for good practice in undergraduate education.* AAHE Bulletin, 39 (7), 3-7
- Charles C. Bonwell and James A. Eison. (1991) *Active Learning: Creating Excitement in the Classroom.* ASHE-ERIC Higher Education Report No.1,
- Kolb, D.A. (1984) *Experiential Learning : Experience as the Source of Learning and Development.* New Jersey : Prentice-Hall.
- Margaret Brooks. *Q:Skills for Success 2 Listening and Speaking.* Oxford University Press

【著者紹介】
上山　晋平（かみやま　しんぺい）
1978年広島県福山市生まれ。広島県立福山誠之館高等学校卒業後，山口大学教育学部入学。2000年からオーストラリア・キャンベラ大学に交換留学。その後，庄原市立東城中学校，中高一貫校の福山市立福山中学校に勤務。2009年から同校の高校教諭となり，中高生の英語授業を担当。英語教育・達人セミナーや研究会，校内研修，学会，ALT研修会等の各種研修会で発表を行う。著書に，『高校教師のための学級経営365日のパーフェクトガイド』（単著，明治図書），『45の技で自学力をアップする！英語家庭学習指導ガイドブック』（単著，明治図書），『英語テストづくり＆指導　完全ガイドブック』（編著，明治図書），『中学英語！到達目標に達しない生徒への指導支援』（共著，明治図書），『英語教師は楽しい』（共著，ひつじ書房），『成長する英語教師を目指して　新人教師・学生時代に読んでおきたい教師の語り』（共著，ひつじ書房）があり，DVDに『意欲アップ！習慣定着！「楽しくて力のつく家庭学習法」』（ジャパンライム）がある。月刊『英語教育』（大修館）で以下の4人と連載担当中。中学校検定教科書『COLUMBUS 21 ENGLISH COURSE』（光村図書）編集委員。地元福山で英語授業研修会（BEK）を立ち上げ，主宰者の一人として若手教員と学んでいる。

＊実践者紹介
奥住　桂　　埼玉県宮代町立前原中学校
　　　　　　Part 4　p.98〜99, ICT
松本　涼一　福島県双葉町立双葉中学校
　　　　　　Part 4　p.100〜101, グループエンカウンター
宮崎　貴弘　兵庫県神戸市立葺合高等学校
　　　　　　Part 4　p.90〜91, ユニバーサル・デザイン
山岡　大基　広島大学附属中・高等学校
　　　　　　Part 4　p.82〜83, ミニ・ディスカッション

【本文イラスト】木村　美穂

目指せ！英語授業の達人33
授業が変わる！　英語教師のための
アクティブ・ラーニングガイドブック

2016年5月初版第1刷刊	©著　者	上　山　晋　平
2016年7月初版第3刷刊	発行者	藤　原　光　政

発行所　明治図書出版株式会社
http://www.meijitosho.co.jp
（企画）木山麻衣子　（校正）坂元菜生子
〒114-0023　東京都北区滝野川7-46-1
振替00160-5-151318　電話03(5907)6702
ご注文窓口　電話03(5907)6668

＊検印省略　　　　　　組版所　株式会社ライラック

本書の無断コピーは，著作権・出版権にふれます。ご注意ください。

Printed in Japan　　　　　　　ISBN978-4-18-234228-8
もれなくクーポンがもらえる！読者アンケートはこちらから　→